本译丛由中国社会科学院大学中央高校基本科研业务费新文科后期出版资助项目支持出版

中国社会科学院大学文库·数字媒体前沿译丛

中国社会科学院大学文库·**数字媒体前沿译丛**

新闻里的数据

计算机辅助报道实用指南

DATA FOR JOURNALISTS

A Practical Guide for
Computer-Assisted Reporting (Fifth Edition)

（第五版）

〔美〕布兰特·休斯敦（Brant Houston）　著

刘英华　译

社会科学文献出版社
SOCIAL SCIENCES ACADEMIC PRESS (CHINA)

版权信息

Data for Journalists: A Practical Guide for Computer-Assisted
Reporting, Fifth Edition / by Brant Houston ISBN: 978-0-8153-7040-6

"中国社会科学院大学文库"总序

　　恩格斯说："一个民族要想站在科学的最高峰，就一刻也不能没有理论思维。"人类社会每一次重大跃进，人类文明每一次重大发展，都离不开哲学社会科学的知识变革和思想先导。中国特色社会主义进入新时代，党中央提出"加快构建中国特色哲学社会科学学科体系、学术体系、话语体系"的重大论断与战略任务。可以说，新时代对哲学社会科学知识和优秀人才的需要比以往任何时候都更为迫切，建设中国特色社会主义一流文科大学的愿望也比以往任何时候都更为强烈。身处这样一个伟大时代，因应这样一种战略机遇，2017 年 5 月，中国社会科学院大学以中国社会科学院研究生院为基础正式创建。学校依托中国社会科学院建设发展，基础雄厚、实力斐然。中国社会科学院是党中央直接领导、国务院直属的中国哲学社会科学研究的最高学术机构和综合研究中心，新时期党中央对其定位是马克思主义的坚强阵地、党中央国务院重要的思想库和智囊团、中国哲学社会科学研究的最高殿堂。使命召唤担当，方向引领未来。建校以来，中国社会科学院大学聚焦"为党育人、为国育才"这一党之大计、国之大计，坚持党对高校的全面领导，坚持社会主义办学方向，坚持扎根中国大地办大学，依托社科院强大的学科优势和学术队伍优势，以大院制改革为抓手，实施研究所全面支持大学建设发展的融合战略，优进优出、一池活水、优势互补、使命共担，形成中国社会科学院办学优势与特色。学校始终把立德树人作为立身之本，把思想政治工作摆在突出位置，坚持科教融合、强化内涵发展，在人才培养、科学研究、社会服务、文化传承创新、国际交流合作等方面不断开拓创新，为争创"双一流"大学打下坚实基础，积淀了先进的发展经验，呈现出蓬勃的发展态势，成就了今天享誉国内的"社科大"品牌。"中国社会科学院大学文库"就是学校倾力打造的学术品牌，如果将学校之前的学术研究、学术出版比作一道道清澈的溪流，"中国社会科学院大学文库"的推出可谓厚积薄发、百川归海，恰逢其时、意义深远。为其作序，我深感荣幸和骄傲。

高校处于科技第一生产力、人才第一资源、创新第一动力的结合点，是新时代繁荣发展哲学社会科学，建设中国特色哲学社会科学创新体系的重要组成部分。我校建校基础中国社会科学院研究生院是我国第一所人文社会科学研究生院，是我国最高层次的哲学社会科学人才培养基地。周扬、温济泽、胡绳、江流、浦山、方克立、李铁映等一大批曾经在研究生院任职任教的名家大师，坚持运用马克思主义开展哲学社会科学的教学与研究，产出了一大批对文化积累和学科建设具有重大意义、在国内外产生重大影响、能够代表国家水准的重大研究成果，培养了一大批政治可靠、作风过硬、理论深厚、学术精湛的哲学社会科学高端人才，为我国哲学社会科学发展进行了开拓性努力。秉承这一传统，依托中国社会科学院哲学社会科学人才资源丰富、学科门类齐全、基础研究优势明显、国际学术交流活跃的优势，我校把积极推进哲学社会科学基础理论研究和创新，努力建设既体现时代精神又具有鲜明中国特色的哲学社会科学学科体系、学术体系、话语体系作为矢志不渝的追求和义不容辞的责任。以"双一流"和"新文科"建设为抓手，启动实施重大学术创新平台支持计划、创新研究项目支持计划、教育管理科学研究支持计划、科研奖励支持计划等一系列教学科研战略支持计划，全力抓好"大平台、大团队、大项目、大成果"等"四大"建设，坚持正确的政治方向、学术导向和价值取向，把政治要求、意识形态纪律作为首要标准，贯穿选题设计、科研立项、项目研究、成果运用全过程，以高度的文化自觉和坚定的文化自信，围绕重大理论和实践问题展开深入研究，不断推进知识创新、理论创新、方法创新，不断推出有思想含量、理论分量和话语质量的学术、教材和思政研究成果。

"中国社会科学院大学文库"正是对这种历史底蕴和学术精神的传承与发展，更是新时代我校"双一流"建设、科学研究、教育教学改革和思政工作创新发展的集中展示与推介，是学校打造学术精品，彰显中国气派的生动实践。

"中国社会科学院大学文库"按照成果性质分为"学术研究系列""教材系列"和"思政研究系列"三大系列，并在此分类下根据学科建设和人才培养的需求建立相应的引导主题。"学术研究系列"旨在以理论研究创新为基础，在学术命题、学术思想、学术观点、学术话语上聚焦聚力，注重高原上起高峰，推出集大成的引领性、时代性和原创性的高层次成果。"教材系列"旨在服务国家教材建设重大战略，推出适应中国特色社会主义发展要求，立足学术和教学前沿，体现社科院和社科大优势与特色，辐射本硕博各个层次，涵盖纸质和数字化等多种载体的系列课程教材。"思政研究系列"旨在聚焦重大理论问题、工作探索、实践经验等领域，推出一批思想政治教育领域具有影响力的理论和实践研究成果。文库将借助与中国社会科学出版社的战略合作，加大高层次成果的产出与传播。既突出学术研究的理论性、学术性和创新性，推出新时代哲学社会科学研究、教材编写和思政研究的最新理论成果；又注重引导围绕国家重大战略需求开展前瞻性、针对性、储备性政策研究，推出既通"天线"、又接"地气"，能有效发挥思想库、智囊团作用的智库研究成果。文库坚持"方向性、开放式、高水平"的建设理念，以马克思主义为领航，严把学术出版的政治方向关、价值取向关与学术安全关、学术质量关。入选文库的作者，既有德高望重的学部委员、著名学者，又有成果丰硕、担当中坚的学术带头人，更有崭露头角的"青椒"新秀；既以我校专职教师为主体，也包括受聘学校特聘教授、岗位教师的社科院研究人员。我们力争通过文库的分批、分类持续推出，打通全方位、全领域、全要素的高水平哲学社会科学创新成果的转化与输出渠道，集中展示、持续推广、广泛传播学校科学研究、教材建设和思政工作创新发展的最新成果与精品力作，力争高原之上起高峰，以高水平的科研成果支撑高质量人才培养，服务新时代中国特色哲学社会科学"三大体系"建设。

历史表明，社会大变革的时代，一定是哲学社会科学大发展的时代。当代中国正经历着我国历史上最为广泛而深刻的社会变革，也正在进行着人类历史上最为宏大而独特的实践创新。这种前无古人的伟大实践，必将给理论创造、学术繁荣提供强大动力和广阔空间。我们深知，科学研究是永无止境的事业，学科建设与发展、理论探索和创新、人才培养及教育绝非朝夕之事，需要在接续奋斗中担当新作为、创造新辉煌。未来已来，将至已至。我校将以"中国社会科学院大学文库"建设为契机，充分发挥中国特色社会主义教育的育人优势，实施以育人育才为中心的哲学社会科学教学与研究整体发展战略，传承中国社会科学院深厚的哲学社会科学研究底蕴和40多年的研究生高端人才培养经验，秉承"笃学慎思明辨尚行"的校训精神，积极推动社科大教育与社科院科研深度融合，坚持以马克思主义为指导，坚持把论文写在大地上，坚持不忘本来、吸收外来、面向未来，深入研究和回答新时代面临的重大理论问题、重大现实问题和重大实践问题，立志做大学问、做真学问，以清醒的理论自觉、坚定的学术自信、科学的思维方法，积极为党和人民述学立论、育人育才，致力于产出高显示度、集大成的引领性、标志性原创成果，倾心于培养又红又专、德才兼备、全面发展的哲学社会科学高精尖人才，自觉担负起历史赋予的光荣使命，为推进新时代哲学社会科学教学与研究，创新中国特色、中国风骨、中国气派的哲学社会科学学科体系、学术体系、话语体系贡献社科大的一份力量。

（张政文　中国社会科学院大学党委常务副书记、校长，中国社会科学院研究生院副院长、教授、博士生导师）

数字媒体前沿译丛序言

对于我国传播学来说，今年有着特殊的意义。因为就在整整四十年前的 1982 年 11 月，中国社会科学院新闻研究所在北京召开了第一次西方传播学座谈会，这次会议后来被学界称为"第一次全国传播学研讨会"。与会者讨论并确立了中国传播学发展的"十六字方针"，即"系统了解，分析研究，批判吸收，自主创造"，既体现出中国传播学建设亟须的改革开放、兼容并包的胸怀，也表现出中国传播学领域的专家学者对学科本土化的强烈学术自觉和学术自主。1983 年 9 月，由中国社会科学院新闻研究所世界新闻研究室的研究人员执笔并最终收录十三篇介绍性文章的论文集出版，名为《传播学（简介）》，这是第一本在中国大陆出版的比较正式的传播学著作。1984 年，施拉姆与波特合著的《传播学概论》由新华出版社出版。自此之后，我国就不断涌现出传播学译著和本土著作。1999 年，北京广播学院院长刘继南教授牵头，我主要负责组织校内外学者翻译了一系列国外传播学著作，并以"高校经典教材译丛·传播学"为名，由华夏出版社出版。这套丛书成为大陆第一套成系列的传播学译丛。此后，不少高校和出版社也纷纷推出了各种译丛。

如今，传播学在世界主要国家的学科体系中都在不断地蓬勃发展，学者队伍日益壮大。尽管在世纪之交曾经有过传播学学科合法性的争论与讨论，但随着数字技术对人类社会各个领域的影响，数字媒体与传播渗透到人类社会的各个环节和流程。特别这十年来变化更大，传播活动日益交融、传播媒体与平台日益融合、传播主体日益多元化等，使得传播学的研究对象进一步复杂化，研究问题进一步多样化，研究方法进一步融合化，学科更加交叉与融合，因此，学科的边界也日益扩展。

近些年，全球传播学者对全球传播文化变迁、大数据人机交融新生态、全球媒介跨域传播新挑战和媒介资本运作新特点及其影响等全面展开研究，百花齐放，成果斐然。尤其是在国外，在短短二十多年间，有关数字化传播的研究风声水起，出版物汗牛充栋，无论是从传统的传播学理论视角，还是从新技术带来的技术革命视角，抑或哲学、政治学、社会学、历史学、经济学甚至计算机技术、大数据研究等学科的最新介入，都令人叹为观止，深感中国跻身其中的世界之日益复杂，同时五彩纷呈。

鉴于此，当我于 2021 年底调入中国社会科学院新闻与传播研究所担任所长并兼任中国社会科学院大学新闻传播学院院长之后，得知中国社会科学院大学新闻传播学院已经组织本学院现有科研骨干力量，正在开展这样一个国外著作翻译系列出版工作的时候，我认为他们在做一项很有意义的工作。学科建设从来都不是闭门造车可以完成的，学科发展与壮大更不可能是自话自说、自娱自乐可以成就的。在百年未有之大变局的关键时期，如何审视全球新地缘政治和国际传播格局中的中国并建构起我们自己新的本土化传播学自主知识体系至关重要；在争夺国际传播话语权的时候既能够与如今处于话语权顶端的欧美等发达国家顺利沟通，又能够传达出中国的真实故事和声音，更是当务之急，这些都需要我们首先了解和掌握全球数字媒体与传播的更多特点、发展轨迹及其规律。

看到中国社会科学院大学新闻传播学院的同仁在精挑细选的基础上，在数字媒体研究领域努力挖掘、广泛寻找，将国外有关数字媒体研究的最新成果进行专业的翻译并形成系列出版，将前沿新奇和有趣的思想与学术方法一一奉上，以飨新闻传播学术界和业界的同仁，我感到相当欣慰，并认为这是一个很有意义的专业化尝试。在翻译国外专业著作的工作中，新闻传播学院这支新闻传播学团队以其专业性理解和词语使用使译作更为恰当准确，能够为我们未来的相关研究和实践提供更丰富、更广泛、更深入、更实用的思路。

　　这个系列是个不小的工程，入选著作既包含数字游戏世界里的传播效果和影响研究，也有模因和数字文化关系的研究；既涉及新时代媒介跨国界协同管制的诸多问题，也有对进入 21 世纪以来由社交媒体主宰的新兴文化现象的思考；既有新闻在融媒体大数据时代下新生态的专业索引和诘问，也有对未来一代青少年全球文化和新媒介关系的讨论；既有媒介叙事理论在今天社交媒体、新媒体已经占据主流的时代的适应性问题，也有大数据时代名人粉丝流量和新闻传播的关系聚焦；等等。作者大多是著名大学、研究机构的著名学者，他们多年在其研究领域深耕，其著作具有较高的学术价值。著作内容丰富、形式多样。对于丛书译者而言，他们的遴选和翻译工作表现出了他们高屋建瓴的学术视野和专业素质。

　　风物长宜放眼量，越是需要本土化的自主知识体系建设，越需要一种国际化的考量。特别是在全球化时代，世界地缘政治变迁，世界地缘学术也在变化。中国的学术要有自信但不自负，需要进一步放大自己的声音，争取国际传播话语权，同时也需要多吸取来自国外的养分。这是一套高质量、高水准的有关数字媒体的翻译系列，在此隆重推荐，希望能给不同的读者带来不同的收获。

中国社会科学院新闻与传播研究所所长

中国社会科学院大学新闻传播学院院长

胡正荣

2022 年 8 月 16 日

这份简单而有效的操作指南为每位开始在新闻报道中使用数据的记者或新闻专业的学生提供了基础,逐步说明如何在新闻业中进行基本的数据分析,为何一些数字工具应成为21世纪新闻报道不可或缺的一部分。在有关数据驱动新闻学或计算机辅助报道课程的理想核心书目中,布兰特·休斯敦强调新闻工作者要对其获取和分享的数据的准确性以及相关性负责。

通过重新设计,此次更新后的新版本内容包括扩大对社交媒体的覆盖面、在网络上抓取数据以及文本挖掘,并为新闻工作者提供了处理数据所需的技巧和工具。

布兰特·休斯敦是美国伊利诺伊大学的一名教授,担任调查性报道的骑士会会长[1],讲授新闻学并负责监管一个在线新闻编辑室。他在美国报业做调查记者达17年之久,屡获殊荣。10多年来,他担任美国调查记者编辑协会的执行董事,该协会目前有6000名会员,总部位于美国密苏里大学新闻学院,他还在这里讲授调查性报道和数据报道。布兰特·休斯敦已经为30个国家或地区的专业记者和学生举办了400多场研讨会。他是全球非营利性新闻编辑室和教育工作者网络的联合创始人。

---

[1] 骑士会会长,也称为"奈特主席",是美国奈特基金会(Knight Foundation)给予新闻业顶尖专业人士的资助和称谓,意在弥合新闻编辑室与课堂之间的鸿沟。——译者注

目　录

小贴士目录

前　言

自我开始在报道中使用数据库，已经过去了 30 多年，而从我开始编写本书的第一版到现在也已经有 20 多年了。

32 年来，软件和硬件不断变化和发展，随着时间的流逝变得更加易于使用。大量的数据分析可以在笔记本电脑或台式机、网络上或云端完成。分析结果可以快速可视化并在互联网上共享，公众可以为数据库的创建做出贡献。

与此同时，使用数字技术和数据的新闻工作者人数急剧增加。新一代程序员与编码员已加入了新闻编辑室和新闻工作者行列，一起分析数据，同时带来他们的新观点和技巧，使数据更好地可视化并实现交互。

然而，对于一份可以指导初学者使用数据库进行报道的指南的需求并未减少。如果说需求是有变化的，那就是需求增加了，因为在职的新闻工作者和新闻专业的学生意识到，对于使用数据库进行准确的分析来创作有意义的新闻报道，掌握基本技能和知识是十分重要的。

做新闻报道的时候，仅仅找到有趣的数据并对其可视化，然后以一种令人愉悦的形式呈现是远远不够的。当下的新闻受众想知道的是这些数据库揭示了什么？意味着什么？数据分析表明系统和政策是否有效？是否为社会服务？许多读者、观众和听众很少有时间自己做数据分析，也很少有时间进行此类分析所必需的采访和街头工作。

因此，这本书的目的与我初次写作的目的相同，即提供一个实用的指南，不是基于对数据或编程的迷恋，而是着重将分析与传统报道相结合，制作更有深度、更深刻和更有用的新闻报道。

本书也是我在世界各地数百场研讨会和会议上讲授计算机辅助报道

（Computer-Assisted Reporting，CAR）基础知识的成果。本书的修订也将继续受益于听取学生、老师、新闻工作者和其他读者的建议。对于软件的使用，要铭记应用数据、软件和分析都是为了更好地进行报道，这样才能不断推进融合发展。

第五版的计算机辅助报道实用指南仍然为学生提供了有关新闻报道所需的数据收集和分析技能的建议。计算机辅助报道的基础知识包括在互联网上查找和使用数据、使用电子表格和／或数据库管理器分析数据、创建数据库、清理脏数据以及可视化数据，可以帮助任何使用数据的新闻工作者或学生提高新闻生产速度、提高洞察力，还可以帮助新闻工作者和学生发现、证实以前从未想象过的主题，并撰写成功的新闻报道。

这本指南还解决并强调了数据分析的准确性需求。尽管众包已被证明在报道期间或报道发布之后是非常有用的，但若在网络上发布了一篇存在重大错误的权威性报道，再通过众包进行更正是行不通的。从一开始，新闻工作者就必须是可信的，并将错误控制在最低限度。否则，新闻只会成为未经核实的信息的另一种声音，或成为缺乏可信度或权威性的"假新闻"，这也使得记者容易被起诉。

在课堂或研讨会上，《新闻里的数据：计算机辅助报道实用指南》可以作为核心教科书或任何入门级、中级新闻专业教科书的补充。此修订版本也是对网络上有价值材料的补充。

本书特色

由于计算机辅助报道的优劣取决于所生产的新闻报道，第五版包含在日常报道和专题报道中应用计算机辅助报道技巧的报道和写作建议。根据需要保留和更新了计算机辅助报道的其他主要特色，包括：

· 帮助学生掌握基础知识的实用方法，用简明易懂的语言讲授他们所需的基本技能；

· 新闻报道常用软件的界面截图，如 Microsoft Excel、Microsoft Access、DB Browser for SQLite 和谷歌工具，学生可以将在书中看到的内容与计算机上的内容进行比对，并确认结果；

· 使用计算机辅助报道技术的真实新闻报道案例，包括经典案例和新的热门案例；

· "推荐练习"中的练习提供了实际且有趣的作业，让学生有机会练习学到的技能。

本版新增内容

为了跟上不断变化的新闻实践并帮助学生清楚地了解如何应用计算机辅助报道技能，第五版中的素材链接美国调查记者编辑协会和美国国家计算机辅助新闻报道协会以及全球调查新闻网（Global Investigative Journalism Network，GIJN）的在线资源，提供更多的在线练习和教程。

其他更改包括：

· 使用最新版本的 Microsoft 和免费的电子表格及数据库管理器进行练习。

· 更新了关于研究、使用和下载在线数据的章节。

· 增加了有关使用非结构化数据、社交媒体以及网络抓取基础知识的新章节。

· 与国际记者有关的特别在线练习和数据。

致 谢

感谢美国调查记者编辑协会、美国国家计算机辅助新闻报道协会和全球调查新闻网对计算机辅助报道的持续支持以及多年来对举办的相关会议提供的支持，这些会议让专业人士、教授与学生能够及时了解不断变化的技术和技巧。尤其要感谢计算机辅助报道机构的老同事尼尔斯·穆尔瓦德（Nils Mulvad），美国国家计算机辅助新闻报道协会的前任和现任培训师萨拉·科恩（Sarah Cohen）、戴维·唐纳德（David Donald）、杰米·多德尔（Jaimi Dowdell）、戴维·赫尔佐克（David Herzog）、詹妮弗·拉弗勒（Jennifer LaFleur）、丹尼丝·马伦（Denise Malan）、乔·克雷文·麦金蒂（Jo Craven McGinty）、汤姆·麦金蒂（Tom McGinty）、理查德·马林斯（Richard Mullins）、罗恩·尼克松（Ron Nixon）、阿龙·皮尔霍夫（Aron Pilhofer）、杰夫·波特（Jeff Porter）和尼尔·赖斯纳（Neil Reisner）。

感谢我以前的学生——现在是成就卓著的记者——多年来在前几版的开发过程中提供的帮助，包括杰克·多兰（Jack Dolan）、贾斯廷·梅奥（Justin Mayo）、约翰·沙利文（John Sullivan）和玛丽·乔·韦伯斯特（Mary Jo Webster）。最重要的是感谢我的导师及将数据应用于新闻报道的倡导者史蒂夫·多伊格（Steve Doig）、埃利奥特·贾斯平（Elliot Jaspin）、菲利普·迈耶（Philip Meyer）和德怀特·莫里斯（Dwight Morris）的指导和工作。

还要感谢我的现任编辑埃丽卡·韦特尔（Erica Wetter）鼓励我完成第五版的修订工作，并耐心地支持它的发展和出版。

再次，要对我的妻子朗达（Rhonda）和我的父母表示最深切地感谢。

他们一直全力支持我的新闻工作，这对我而言是很大的帮助。

　　最后一句话，尽管计算机辅助报道的力量和广度不断扩大，但它仍然只是新闻工作者的一个工具。同样重要的还有，计算机辅助报道有助于但不能取代专业新闻工作者的想象力、经验、采访技巧、直觉、怀疑、实地考察和热情。

第一章 数据新闻和计算机辅助报道概述及记者为何应用

记者需要精通数据。在过去，在酒吧和人聊天你就可以获得故事，现在有时你也会这么做。但现在你还需要仔细研究数据、用工具装备自己来分析数据，从中挑选有趣的东西。通过数据分析，记者往往能够从长远角度帮助大众了解问题的症结，甚至整个国家正在发生的事。

——蒂姆·伯纳斯 - 李（Tim Berners-Lee），万维网创始人，2010

2014 年悬而未决的问题不是记者能否应用数据、计算机和算法服务于公共利益，而是数据、计算机和算法应该如何、何时、在何地、为什么以及由谁使用。当今时代，记者可以把所有数据都视作一个来源，像当初询问大众一样，通过询问数据来获取答案。

——亚历山大·本杰明·霍华德（Alexander Benjamin Howard），《数据驱动新闻的艺术与科学》（*The Art and Science of Data-Driven Journalism*），2014

虽然自 20 世纪 80 年代以来，计算机辅助报道已经得到更广泛的应用，但是，直到 21 世纪初，记者掌握数据分析和可视化能力的重要作用才在世界范围内得到认识。

幸运的是，与此同时，计算机辅助报道已经变得更加容易。许多软件工具已经变得更加简单易用；网络上有各种各样的数据且通常非常容易下载；硬盘、闪存和云端的存储空间都非常巨大；笔记本电脑、平板电脑或者移动电话的计算能力与几年前相比有突飞猛进的发展。

为了更好地理解和分析数据，出现了大量的数据可视化方法，而且仍

1

在不断增加。另外，一批计算机程序员或编码员和记者一起解决从网络上抓取数据、清理和组织数据问题，制作充满吸引力的交互演示文稿与大众分享，鼓励大众参与和分析问题。

然而，许多基本原则仍然存在。数据库是由人创建的或者由人开发的程序创建的。因此，数据库存在人为错误或者纰漏，必须注意并纠正这些缺陷。数据库在时间上也是一个片段，因此在获取和使用它时可能已经过时。

还要记住，数据库本身并不是新闻。它是需要以洞察力和谨慎态度仔细收集的信息领域。还需要观察与访谈加以比较和补充。

在使用数据库之前，确定其准确性依然很重要。同样重要的是对数据库的仔细分析，因为一个小的错误可能带来可怕的错误结论。把数据上传到网上，并希望公众或志愿者通过可靠的分析来不断地理解数据的想法被证明是不可靠的。事实上，现在比以往任何时候都更需要记者而不是倡导者来提供对信息和数据的深入研究，以及撰写一个引人入胜的报道并进行可视化。

基本原则保持不变

尽管技术和大数据的可用性发生了变化，但有些情况并没有改变。

例如，作为美国当地的一名记者，你可能想调查有多少囚犯因为没有钱支付保释金而入狱，这意味着在审判前他们要一直待在监狱。你看到最近对监狱的一次审计指出，许多人入狱并不是因为他们被定罪，而是因为他们没有足够的钱支付为其设定的保释金。此外，传闻法官为黑人和西班牙裔男性设定的保释金要高于白人男性。

稍加研究，你就会发现，县监狱保存着囚犯记录，包括每个案件的保释金额、对囚犯的指控以及每个囚犯的种族和性别。经过一系列会议后，官员们将同意提供包含你所需要信息的数据库。令人恼火的是，官员们不想把这些信息放到网上供你检索，而是会给你一张包含数据库的DVD。

到了第二天，你对数据做了第一次分析，发现黑人和西班牙裔男性的保释金通常是白人男性的两倍，即使他们被指控犯有同样的罪行、拥有同样的犯罪背景和个人背景。在接下来的几周里，你查看记录并收集了更多详细信息。你重新检查信息，查看其他文件，进行采访，撰写新闻报道。这项工作在一篇有重大意义的文章中达到了高潮，该文章系统地呈现了司法出错情况。官员们最懦弱的回答是司法体系歧视穷人，而不仅仅是黑人和西班牙裔。

或者考虑另一种情况。你想知道附近大城市机场的安全性有多低，你可以获得当地警方报告，或者在美国运输安全管理局网站下载有关乘客通过安检时被查获的危险品的最新信息。你开始分析数据库，包括统计近年来在当地机场发生的违规行为次数，然后仔细检查违规行为的细节。

你很快就会发现严重且令人惊讶的违规行为，包括被缴获的枪支、刀具和其他武器。你在网络上跟进研究并采访机场官员、执法部门和航空公司的工作人员。你查看政府调查人员发布在网络上的报告。几天之内，你就有了一个公众需要了解的重要新闻报道。

事实上，在 2001 年 9 月 11 日恐怖分子袭击美国后的数周、数月和数年里，100 多家新闻机构使用当地警方数据库撰写有关机场安全的报道。最近，麦迪尔新闻学院新闻专业的学生撰写了这篇新闻报道，并创建了一个配套的在线数据库。

在更广阔的全球范围，请考虑以下示例：

> 一家新闻编辑室收到了数百万份披露富人或国际罪犯使用离岸银行账户的文件。

> 新闻编辑室并未简单地将这些文档发布到一个在线网站上，而是

3

仔细审查数据的真实性，将其从非结构化数据（文本）转换成可分析和可视化的结构化数据，将数据与世界各地的数百名记者分享，在发布之前对数据进行报道和验证。

在过去 10 年中，华盛顿特区的非营利性新闻编辑室国际调查记者同盟（International Consortium of Investigative Journalists）已经几次这样做了。

这些技术的基础是一种称为"计算机辅助报道"的实践，也被称为"数据新闻"。如果你是一名没有计算机科学背景的记者，这通常是开始的地方。正如你将在本书中了解到的，计算机辅助报道已经成为日常新闻的一部分。记者运用计算机辅助报道技术及其他技术进行日常报道、专题报道以及能够获得国家和国际奖项的大型项目报道。在过去 20 年里，新闻奖授予利用大数据泄露进行调查的国际调查记者同盟，报道警察枪击和虐待儿童事件的《华盛顿邮报》（*The Washington Post*），以及弗吉尼亚州的小型报纸《布里斯托尔先驱信使报》（*Bristol Herald Courier*），因报社的记者丹尼尔·吉尔伯特（Daniel Gilbert）调查了弗吉尼亚州（Virginia）西南部数千名土地所有者拖欠天然气使用费，他创建并使用了一个数据库作为调查的一部分。

计算机辅助报道不是指记者坐在键盘前撰写新闻报道或在网络和社交媒体上冲浪，而是指通过下载或建立数据库，进行数据分析，为日常新闻报道提供背景和深度；指从更广阔的视角和对问题更深层的理解出发，进行更复杂新闻报道的制作技巧。事实上，一名从 15 万份法庭记录中收集的模式认知开始一项报道的记者要远远胜过每周只看少数法庭案件的记者。

计算机辅助报道技术并不能取代久经考验的新闻实践，它已经成为新闻实践的一部分，也意味着更大的责任感和警惕性。在基础报道课程中学习的旧标准——"验证、验证、再验证"变得更加重要。合理的质疑、采访多个来源并相互参照都变得越来越重要。

30年前，计算机辅助报道的先驱之一埃利奥特·贾斯平曾说："电脑不会把坏记者变成好记者，但能让一名优秀的记者变得更好。"

在过去30年里，许多从业记者寻求培训，熟练掌握了计算机辅助报道的基本技能。他们已经克服了对计算机和数学的恐惧，现在每天都在使用这些技能，从而使他们的报道更加精确、水平更高。

引用另一位将数据库分析应用于新闻报道的先驱菲利普·迈耶的话："它们提高了身为记者的筹码。"

网络和社交媒体的普及，廉价且易于使用的计算机和软件的开发，新闻编辑室对数据价值与数据和可视化分析技术的日益重视，以及运用算法寻找模式和创作内容，都有助于接受计算机辅助报道方法和提高相关技能。

计算机辅助报道和其他数据处理方法（如精确新闻学或计算新闻学）不再是主流新闻的花絮报道。它们是21世纪的记者必不可少的生存技能。数字工具不会取代一名好记者的想象力、进行揭露性采访的能力或开发人力资源的才能。但是，知道如何在日常工作和长期工作中使用分析软件、可视化软件的记者能够更快地收集及分析信息，并形成和传递更深刻的理解。同时，还能为采访做更好的准备，并撰写更权威的报道。这样的记者还能看到其从未想到的潜在的新闻报道主题。

这样的记者还能实现与政治家、官僚、倡导者和商界人士的平起平坐，这些人士往往比记者享有更多优势，只是因为他们比记者更早拥有利用数据库与数字信息的资金和知识。长期以来，政府官员和工作人员乐于将信息输入计算机，然后进行检索和分析。大企业、小企业通常使用电子表格和数据库软件。倡导团体经常利用数据库来推动其议程。

如果对数据分析的优点和缺点没有基本的了解，当代记者就很难充分了解和报道当今世界运转的方式。对记者来说，从事有意义的公共服务新闻或者履行必要的监督职责要困难得多。

早在 1990 年，《罗利新闻与观察家报》（*The Raleigh News & Observer*）[①]前执行主编弗兰克·丹尼尔斯三世（Frank Daniels III）就认识到这一挑战。他很早就开始在报社中推广计算机辅助报道，因为在 1990 年的竞选活动中，参议员杰西·赫尔姆斯（Jesse Helms）比丹尼尔斯任职的报社更精通计算机。丹尼尔斯回忆说："这让我意识到我们是多么愚蠢，我不喜欢这种愚蠢的感觉。"

丹尼尔斯对记者自身造成的不利地位的看法是正确的。多年来，记者就像动物园里的动物一样，等待着饲养员投喂大量的信息，饲养员也很乐意让记者待在自己的"卢德派"[②]的笼子里。然而，一名优秀的记者总是希望看到原始的信息，因为每次别人选择信息或为信息排序时，都会带有倾向性或偏见，而倾向性或偏见有时是无法检测到的。计算机辅助报道可以防止这种情况发生。

许多记者和新闻专业的学生现在开始学习使用计算机辅助报道的基本工具，他们意识到这是获取信息的最佳方式，因为现在大多数政府和商业记录以电子方式存储。尽管存在安全问题且信息保密工作需要花费巨大的精力，但美国和国际网站上的数据库数量仍以令人难以置信的速度增加。因此，如果没有处理电子数据的能力，记者就无法获得一些最好的、未经污染的信息。守旧的记者永远不会及时获取信息，更糟糕的是，他们将被精通数据的媒体竞争残酷地践踏。

对于记者或新闻专业的学生来说，掌握计算机辅助报道的基本知识对

---

① 该报社位于美国北卡罗来纳州罗利市（Raleigh）。——译者注

② "卢德派"（Luddite）指反对新技术（或新工作方法）的人。19 世纪初，工人内德·卢德（Ned Lud）和其他工人认为机器会夺走他们的工作，因而将工厂机器捣毁。——译者注

于在竞争中找到一份好工作也是至关重要的。在许多新闻机构，拥有计算　6
机辅助报道技能的求职者远远胜过那些仅仅拥有网络搜索或使用社交媒体
能力的求职者，他们的简历往往也会因此被排在高位。

　　记者不必是程序员或懂软件代码的人，尽管这也会产生巨大的影响，
但记者能够使用电子表格或数据库管理器就可以自由、透彻地探索信息，
重新审视信息，重新考虑与实地采访和观察有关的信息能带来什么。记者
可以在信息中抽丝剥茧，以更接近真相。记者可能不是统计学家，但一名
优秀的记者对统计有足够的了解，知道统计操纵或统计欺骗是多么容易。
因此，如果记者了解数据是如何被操纵的，就能更好地判断官僚对事实的
歪曲或政府对数据库的滥用。

　　记者也发现，如果让一名政府雇员只对数据进行简单处理和做基本分
析，结果可能会不完整或者会隐藏数据的细微差别或潜在隐患。有良知的
记者也不想陷入这样一个循环：以某种静态的数字格式索取报告，研究报
告，提出更多的问题，然后再索取另一份报告。当记者可以在电脑上与完
整的数据集进行快速、多维度的对话时，为什么还要进行冗长的来回对
话呢？

　　更重要的是，计算机辅助报道是公共服务新闻和日常社区警戒报道的
核心。无论是撰写关于教育、商业、政府、环境问题的报道还是其他任何
话题的报道都是如此。

小贴士 1.1　计算机辅助报道的历史

　　一些意见认为，自从 18 世纪或 19 世纪报纸上出现地图或统计表
以来，数据一直是新闻的一部分。但许多从业者和学者将计算机辅助
报道的诞生追溯到 1952 年，当时哥伦比亚广播公司（CBS）聘请专家
操作一台大型计算机来预测总统选举的结果。这是有点夸张的，或者
说这是一个错误的开始，因为直到 1967 年，数据分析才开始流行。　7

那一年，《底特律自由报》（*The Detroit Free Press*）的菲利普·迈耶利用一台大型计算机分析一项针对底特律居民的调查，目的是了解和解释当年夏天该市爆发的严重骚乱。20世纪70年代，迈耶继续进行数据分析，包括与《费城问询报》（*The Philadelphia Inquirer*）记者唐纳德·巴利特（Donald Barlett）和詹姆斯·斯蒂尔（James Steele）一起分析当地法院系统的量刑模式，与《迈阿密先驱报》（*Miami Herald*）的里奇·莫林（Rich Morin）合作分析财产评估记录。迈耶还撰写了一本名为《精确新闻报道》（*Precision Journalism*）的书，解释并提倡在报道中应用数据分析和社会研究方法。（从那时起，这本书已经出版了几次修订版）。

不过，直到20世纪80年代中期，在埃利奥特·贾斯平应用数据分析撰写并发表于《普罗维登斯公报》（*The Providence Journal*）上的报道获得认可之前，如关于危险校车司机和涉及房屋贷款的政治丑闻的报道，只有少数记者使用这项技术。贾斯平在美国哥伦比亚大学史蒂夫·罗斯教授的"分析新闻"（analytic journalism）课程中学习了计算机分析技能。

20世纪80年代，全国各地的其他记者也开始为他们的报道做数据分析，他们经常咨询迈耶或贾斯平。协助他们工作的是个人电脑的改进和一个程序。贾斯平和记者－程序员丹尼尔·伍兹（Daniel Woods）编写了一个九轨快车程序（Nine Track Express），可以更便捷地用便携式磁带机将计算机磁带（包含九个"轨道"的信息）传送到个人电脑上，这样记者就能避开官僚作风和避免使用大型计算机的延误。

1989年，整个新闻行业承认了计算机辅助报道的价值，并且将普利策奖（Pulitzer Prize）颁给了《亚特兰大宪法报》（*The Atlanta Journal Constitution*），表彰其关于住房贷款业务中种族差异的报道。同年贾斯平在美国密苏里新闻学院（Missouri School of Journalism）设立了研究机构，现称为"美国国家计算机辅助新闻报道协会"。另外，印第安纳大学（Indiana University）教授詹姆斯·布朗（James Brown）设立了国家高级报道研究所（National Institute for Advanced Reporting），并在印第安纳波利斯（Indianapolis）举办了第一次计算机辅助报道会议。从那时起，计算机辅助报道的应用蓬勃发展，这主要归功于美国调查记者编辑协会和美国国家计算机辅助新闻报道协会在密苏里州以及世界各地举办的研讨会，这实际上是一个美国调查记者编辑协会和密苏里新闻学院的联合项目。自2001年以来，美国调查记者编辑协会以及在全球范围内拥有160多个非营利性新闻编辑室的协会全球调查新闻网已经极大地扩展了数据新闻的教学和使用，包括在网络上和两年一次的会议。另外，还有一些组织通过教育服务为数据新闻的发展贡献了力量，其中包括欧洲的数据收集（Data Harvest）会议、金山大学在非洲举办的年度调查会议、谷歌新闻实验室（Google News Labs）以及英国的《卫报》（*The Guardian*）。

此外，在计算新闻领域，记者和程序员聚集在一起，已经开始推动记者更好地理解协助新闻采集的算法，调查社交媒体公司根据兴趣或背景区分用户的算法。

小贴士 1.2　基础工具和高级工具

随着时间推移，计算机辅助报道的3项基本技能（本书的重点）出现，即在线资源（主要是查找和下载数据库）、电子表格和数据库管理器。随着记者在技术上越来越熟练，其他工具也被纳入上述3项技能，包括统计软件、地理信息系统（Geographical Information Systems，即地图软件）以及社交网络分析软件。

从那时起，记者们学习了一些技能，例如网页抓取（自动从网上下载个别记录并整理到数据库中），运用 Python 等编程语言清理和组织数据的方法，使用 Tableau 等程序以不同方式对数据进行可视化。但自 1989 年以来，在为数千名记者提供培训的过程中，教师们经常发现，刚入门的记者从前三种工具开始学习最容易。

记者可以通过各种方式获得在线资源。在线资源通常包括记录和储存信息的电子邮件、讨论组、社交媒体以及活动数据库与存档数据库。借助在线资源，你可以查阅法庭记录，检索商业记录或各国人口普查数据，还可以找到几乎每个主题的其他数千个数据库，不管是本地的还是全球的。同时，你还可以监控讨论组、电子邮件和社交媒体的趋势及提示。

Microsoft Excel 和谷歌表格等电子表格软件都非常适合分析数字。每当你查看薪水、预算、人口普查数据、价格或统计报告时，都应该考虑使用电子表格。电子表格可以帮助你快速筛选和汇总数字列，对数字进行比较、排序，将结果放入图表。尽管电子表格可以帮助你做很多事情，但这只是基础的计算机辅助报道的常规应用。

Microsoft Access、DB Browser for SQLite 或 MySQL 等数据库管理器非常适合搜索、汇总、连接和关联不同的文件，这些文件称为"表"（table）。数据库管理器可以快速将相似类型的信息分组，并通过关键字或标识号连接不同的文件。数据库管理器让你能够根据姓名、街道地址或电话号码快速查找有关某人的信息。数据库管理器还能帮助你查找特定候选人的政治捐款信息，对捐款进行分组，并按数量（获得捐款的笔数——译者注）或金额进行总计。另外，数据库管理器还能让你对一份文件如死亡证明中的姓名与另一份文件如选民信息中的姓名进行匹配（当你发现死人投票时，其中总会有一个潜在的报道）。

数据库管理器还可以灵活地处理比电子表格多得多的记录，尤其当你有多个文件时。

更高级的计算机辅助报道工具有：

在记者对数字感到更满意，并希望进行更详细和更可靠的分析时，统计软件（Excel 的更高级功能、SPSS 和 SAS 是三种常用工具。另外，R 是一种流行的免费开源软件）变得更加有吸引力。记者使用统计软件来观察诸如学校考试成绩、抵押贷款或保险方面的种族差异等话题。

地理信息系统（即地图软件，两个比较简单的是 Tableau 和 Google Fusion Table，更复杂的有 ESRI 公司开发的 Arc Online）能够将一则新闻报道中的要点制成图表，揭露那些原本不为人知的信息。记者经常在调查选举投票、危险的环境领域、社交媒体追踪等话题时使用这类软件。

20 世纪 90 年代初，《迈阿密先驱报》的史蒂夫·多伊格开创性地使用了地图软件，当时他通过比较飓风风速和建筑物损坏情况，揭露了漏洞百出的建筑规范。最近，英国《卫报》利用社交媒体绘制了暴乱者的来源图。

社交网络软件（如可以安装到 Microsoft Excel 的插件 NodeXL、免费的开源程序 Gephi）可以直观地绘制人和 / 或组织之间的联系。记者们开始更频繁地使用这类软件，你可以在许多新闻编辑室网站上看到相关概念的应用。另外，人类学家、商业顾问、情报机构和警察机构以及健康研究人员多年来已经使用社交网络分析来探索人际关系。

自然语言处理软件（有许多程序，其中一个常见的是 Open Calais[1]）。这些程序是复杂的软件，能够帮助分析非结构化数据（文

① Open Calais 于 2008 年推出，是路透社提供的免费网络服务。这个工具包用于将语义功能整合到内容管理系统、应用程序、网站甚至博客中，用户能够在提交的非结构化文本中创建和附加丰富的语义元数据，并以 RDF 格式提供可用于语义 web 的输出。——译者注

本、照片和视频）来查看模式、异常值和信息类别。

同样，本书将重点介绍可以帮助你进入课堂学习或在新闻编辑室工作的基础工具和分析方法。当你开始学习如何使用软件，这本书会去除众多让你分心的内容，并且告诉你撰写有效报道的捷径。这本书还将把软件的使用纳入新闻和日常报道的范畴。

学习方法：试错和重复

学习计算机辅助报道的最好方法是反复试错。你必须不断练习。在针对信息提出问题时你会不断犯错。你需要在数据库管理器中尝试不同的查询并查看结果，然后再试一次，看看可不可以更好地聚焦于你的查询及答案。你需要有思想上的勇气和创造力去思考可能影响结论的变量。

本书附带的练习可以在网站 ijec.org/databook 上找到，网站会给你很多机会来尝试不同的数据排列方式，发现找到有效答案的最佳方式。此外，你必须意识到，尽管所有的软件都在进步，但计算机软件仍有一些怪事、多个图标和模糊的按键。因此，反复练习能让你更得心应手地使用不同工具。

你要去哪里：章节索引

本书的第一部分"学习计算机辅助报道技能"侧重于基本技能；第二部分"在新闻报道中运用计算机辅助报道技能"重点介绍应用计算机辅助报道技能撰写报道，并帮助读者克服应用计算机辅助报道技能时常见的新闻采集问题。

第一部分专注于学习数据排序、筛选和汇总等计算机辅助报道基本技能，包括从网站下载数据并将其导入电子表格和数据库管理器；使用电子表格中的数学、图表和其他工具分析数据；使用数据库管理器搜索、汇总和比较数据库。

此外，第一部分还介绍了使用追踪、标注与可视化软件处理社交媒体和其他非结构化数据的初步方法。

第二部分侧重于介绍使用计算机辅助报道技能来制作新闻报道，涵盖查找和协商（获取）数据的实际挑战、清理脏数据的原则、在没有数据库的情况下构建数据库以及将数据库组合起来以制作更好的新闻报道。

在第一部分，第二章提供了在网络上搜索数据集、使用电子邮件讨论组和下载数据的技巧。近年来，许多公共数据库被上传到网络上，这意味着从事计算机辅助报道的记者可以获得有用的数据，而不必经历向官员索取数据的痛苦过程。这个章节提供一些可以获取数据的最常见网站和索引。另外，在第二章还讨论了数据表中列和行的格式、下载数据的挑战以及判断数据准确性。

记者将数据下载到电脑上，就可以进行一些基本的分析和浏览。第三章介绍了处理社交媒体和其他形式的文本、照片和视频等非结构化数据的概念。

第四章介绍了电子表格。大多数记者认为电子表格是着手做计算机辅助分析的基本工具，电子表格也是记者熟悉基础数学的好方法。本章列举的许多例子说明了如何应用数学方法来戳破政客或企业在数字上的"小把戏"。

第五章处理电子表格中有助于聚焦新闻报道的更高级的计算和一些基本的计算方法（如比率和比例），以及使用电子表格的数据管理器筛选、重塑、可视化和解释数据。本章还介绍了对记录进行分组和计数的思想，展示了一些可以使用电子表格生成的基本表格和图形，使数字更易于理解。

第五章是第六章的一个桥梁，第六章展示了数据库管理器的基础知识。第六章学习起来可能有点儿困难，但这是使用电子表格后数据分析合乎逻辑的下一步。数据库管理器经常用于对记录类别进行分组，以及将一个或多个文件（称为"表"）的信息连接到另一个文件。

使用数据库管理器可以快速选择信息列，而不是在 Excel 中"隐藏"或删除信息。数据库管理器还可以更轻松地按行筛选某些类型的信息，可以将类似的记录快速分组，然后对结果进行排序。此外，你还需要使用数据库管理器来有效地导入和分析保存在多个表中的数据。第六章集中于学习搜索和分组技术。本章使用数据库浏览器（DB Browser）中的结构化查询语言（Structured Query Language, SQL）和 Microsoft Access 软件提供的示例查询（Query by Example）界面来对不同表的连接进行可视化。虽然结构化查询语言看起来有点儿吓人，但它通常是一种协助新闻报道来更快速、更直观地检查数据的方法。如果记者理解了结构化查询语言，那么就可以很快地学习和使用任何数据库管理器，这在软件快速发展的时代很有帮助。另外，结构化查询语言还有助于理解映射。

第七章继续讨论应用数据库管理器连接不同的信息表，这是组成某些数据库（一系列链接表）或进行企业报道的形式。

第二部分涉及对新闻报道的追求以及记者在进行新闻报道时面临的挑战。第八章讨论了获取官员们不愿意发布的数据的策略，这些数据可能会提供更详细、更丰富的有用信息。刚刚跟上技术脚步的法律以及对安全和隐私的担忧对数据库的获取构成了障碍，本章探讨了官僚机构和商业供应商带来的一些常见障碍，并提出如何绕过这些障碍的建议。另外，本章还介绍了为新闻报道寻找合适的数据库、索取数据以及在合理时间内以合理价格协商获取数据的方法。

第九章给出了在政府不发布数据库或数据库不存在时创建自己的数据库的步骤。本章旨在帮助学生记者和小型社区的记者，因为当地政府或学校不提供数据库或不以电子方式收集信息。

第十章讨论"脏数据"。脏数据是需要"清理"（即需要补充或更正数据）的不完整或不正确的数据库。大多数（如果不说全部）数据库就像新闻报道一样包含错误。记者需要知道如何发现错误并进行纠正或记录。清理脏数据的过程可能是复杂的，但第十章介绍了一些基本的概念和方法。

第十一章讨论寻找和开始使用计算机辅助报道的策略，以及如何不迷失在海量的信息和可能性中。我们看一看计算机辅助报道的步骤，以及如何有效地使用计算机辅助报道技术撰写一则报道；回顾一些例子和方法，确保数字不会盖过新闻报道本身；验证轶事材料是否代表在做数据分析时发现的趋势和事实。另外，本章还为编辑人员和新闻总监提供了一些管理和监督计算机辅助报道的建议。

本书附录的目的是帮助学生和专业的从业记者学习了计算机辅助报道基础技术后进行下一步。这两个群体都需要了解更先进的工具。涉及的主题包括数据可视化的基础知识，如绘制地图和社交网络分析图。

最后的思考

计算机辅助报道始终是存在多种可能性和结果的冒险。这本指南并不试图涵盖数据新闻领域的所有内容，只是提供一些足够实用的建议，推动犹豫不决的学生或记者使用计算机辅助报道技能进行日常报道、专题报道或长期报道。在我们开始之前，最后一个提示是，记者学习计算机辅助报道的成功与否取决于自己的努力，无论多么困难或令人沮丧，或者计算机辅助报道会让记者感到多么挫败。

正如一个老笑话：需要多少位精神科医生才能换一个灯泡？答案是一位，但灯泡必须自己想被换才行。

14

本章小结

· 记者需要知道如何搜索和分析数字信息，因为这是存储、分发与保存公共文档和商业文档的方式，也是一项与其他新闻机构竞争或获得更好的工作所需要的技能。

· 计算机辅助报道的三个基本工具是查找和下载数据的在线资源、电子表格和数据库管理器。

· 掌握计算机辅助报道技能，记者就可以快速收集和分析综合信息。

· 学习基础软件工具的方式是反复试错、重复以及智力上的创造力。

计算机辅助报道的应用

我使用在美国国家计算机辅助新闻报道协会的新生训练营中学到的三节课强化了关于薪酬公平报道中对城市雇员工资的分析：

做必要的准备工作。

获取一切信息。

确保能够撰写一则最低限度报道。

当我找到美国犹他州盐湖地区城市的人事主管时，他们告诉我，我可以拿到一系列薪水数据，但没有员工的确切收入。然而，我研究了自己所在州的记录公开法，发现薪水必须公开。我了解获得一切是困难的，因此我只索要包含员工姓名、薪水和岗位信息的表。我很快意识到还需要有关员工任期和员工所属市政部门的信息。我最终还是回到了城市[1]，忽略了奋力争取的那些记录布局[2]和代码表。在这个例子中，我还是解决了问题。

---

① 这里的意思是，记者最终没有获得想要的关于员工更详细的信息，只获得了员工所在城市的信息。——译者注

② 有关数据库中字段名称和大小的信息。——译者注

我还了解到最低限度报道的价值。最明显的事情是高层管理人员中女性非常稀缺，这也是最简单的新闻报道。我从这个角度继续追踪，发现从事相同工作的男性与女性获得的薪水是同等的，但问题是很少有女性越过传统女性工作与传统男性工作的界限，包括高层管理人员。

——爱德华·卡特（Edward Carter），《沙漠新闻报》（*The Deseret News*），犹他州

推荐练习

1. 找出三个运用数据分析来分析政府数据库并获得普利策奖或国际奖项的新闻报道，并了解这些新闻报道是如何完成的。提示：访问美国调查记者编辑协会网站 www.ire.org/resourcecenter 或普利策奖网站 www.pulitzer.org 或 gijn.org，完成任务的每一步。

2. 找出三个运用数据分析的突发新闻报道以及后续报道，了解这些报道是如何完成的。

3. 决定你在课堂上使用哪个版本的 Excel。

4. 寻找适合你电脑的数据库管理器 DB Browser for SQLite 版本并下载。

5. 了解可视化软件，例如 Arc Online、Tableau 和 Data Wrapper。

第一部分

学习计算机辅助报道技能

第二章　在线资源：
在互联网上研究和搜索数据

《新闻日报》的系列报道揭露，那些因严重甚至致命的不当行为而受到惩罚的医生通常会继续为医疗保健托管公司工作。

医疗保健公司和机构可能从未想到它们的网站会像记者托马斯·梅尔（Thomas Maier）审查它们的方式那样受到审查。在委员会认证网站上，托马斯·梅尔发现一些医疗保健托管公司网站列表中的医生谎称获得了委员会认证。

——小理查德·J. 多尔顿（Richard J. Dalton Jr），《新闻日报》（Newsday）前记者

在数据库专家多尔顿的协助下，托马斯·梅尔使用大型数据库、多次采访以及一份成功的公开诉讼记录完成了他的报道。这是在不同网站上交叉引用数据的早期例子。把受到惩处的医生名单与医疗保健托管公司网站上的医生名单进行对比，这是一个非常直观的概念，并将数据库管理器的一个基本概念纳入其中。

每个列表都采用列和行的表格形式，这是结构化数据，也是记者在上网时最常检索的。虽然记者也检索非结构化数据——文本、照片或视频，但有时很难将其转化为结构化数据进行分析（见第三章）。

数据记者现在会例行对比各种网站上的数据，或者通过高级搜索来挖掘数据。高级搜索专门用于搜索政府、教育或商业网站上的结构化数据。以下就是一次有效的谷歌高级搜索，指定域名以 .gov 结尾，文件类型为 .xls，表明该文件是 Microsoft Excel 电子表格。图 2-1 是搜索政府有关贫困问题的电子表格。

19

图 2-1　谷歌高级搜索

在本章中，我们将快速浏览有用的在线信息和搜索技术，然后专注于寻找完整的数据库并下载。稍后我们还将讨论那些仅提供一个或少量记录的网站，并讨论网页抓取。

> **小贴士 2.1　在线资源的用途**
>
> 总的来说，记者使用在线信息有以下几个目的：
> · 研究。记者可以在互联网上搜索讨论组、图书、新闻报道、学术论文、政府报告和其他文件来获取数据库。
> · 采访。在线报道允许记者通过搜索被纳入数据库或了解数据库的人员（如专家、受害者、目击者和参与者）来扩大查询范围并获得有关数据库的更多信息。或者，记者可以就一则新闻报道发出一般性求

助，邀请公众提供数据或数据分析，以众包形式寻找受访者。

· 数据库收集。记者可以将整个数据集下载到自己的计算机上，尤其是数据在不同时间段以不同文件形式出现，或者在网站上一次只能访问一个记录或一小部分记录。

· 数据分析。记者发现一个可能有用的特定数据库时，不仅可以在自己的电脑上使用电子表格或数据库管理器进行分析，还可以访问数据库所在服务器上的分析程序。

搜索数据

在使用数据库之前，首先必须找到它。你首先要找到一个按列和行来组织数据的结构化数据库，并且最好是电子表格格式、xls 或逗号分隔值格式（也称为"CSV"），或者是固定的（列），因为这些格式最容易在电子表格或数据库管理器中打开或导入。

记者仍然使用数据的列和行进行大部分的基础分析，通常在谷歌表格或者 Microsoft Excel 电子表格中处理，或在使用结构化查询语句的数据管理器中处理，例如在个人电脑（PC）[①] 和 Mac 上运行的免费的 DB Browser for SQLite 或仅适用于 PC 的 Microsoft Access。记者可以轻松地在资深从业者理查德·马林斯所称的"二维世界"中——具体而言，就是在平面屏幕上被简化为垂直信息和水平信息的世界——对列和行数据进行排序及汇总。

在新闻编辑室的网站上，我们可以找到一页又一页的行和列，或被称为"表格"（tabular）的信息。你可能会找到有关人口普查研究、预算和税收等主题的姓名和数字图表。在业务页面中，你可以看到详细的关于股

---

① 本书中的个人电脑（PC）特指非 Mac 操作系统（如 Windows 操作系统）的个人电脑。——译者注

票、债券和互惠基金的行和列。在体育页面上，你会经常看到以表格形式显示的球队和运动员的统计数据。

列是信息的类别，每一行（也称为"记录"）都有每个类别的信息。在纸质和常用的便携式文档格式（Portable Document Format，PDF）中，列和行是"被固定住的"信息，也就是说，记录是静态的，不能进行排序、筛选或执行计算。

但是，将记录转换为电子表格、xls 或逗号分隔值格式之一，并把记录导入电子表格或数据库管理器，这样一来，通过一种更有意义的方式来搜索记录并进行排序和筛选就变得很容易了。使用电子表格和数据库管理器可以更改列和行的顺序，可以对数据类别进行分组并汇总或执行其他计算。使用数据库管理器就可以完成这些任务中的大部分，而且可以轻松地将一个数据集与另一个数据集连接起来。

例如，记者经常想要了解公职人员的工资花费了纳税人多少钱？谁的工资最高？工资信息至少有三类，即姓名、职务和工资（见图 2-2）。每一行是某人信息的一条记录。在纸质文档或 PDF 中，你必须手动笨拙地重新排序。

Salaries

Name	Title	Annual Salary
Josephine Smith	Comptroller	$54,000
Juan Hinojosa	City Manager	$72,000
James Brown	Purchasing Agent	$44,000
Joan Bertrand	Parks Director	$48,000

图 2-2 公职人员的工资信息

但在电子表格中，你可以对这样的列表进行排序。在图 2-3 中，我们根据工资数额从高到低对数据集进行排序。

	A	B	C
1	**Salaries**		
2	**Name**	**Title**	**Annual Salary**
3	Juan Hinojosa	City Manager	$72,000
4	Josephine Smith	Comptroller	$54,000
5	Joan Bertrand	Parks Director	$48,000
6	James Brown	Purchasing Agent	$44,000

图 2-3　工资排序

在排序时，无论是 4 行还是 10 万行姓名和工资数据，对电子表格或数据库管理器而言都无关紧要。使用相同的命令就可以完成从顶部最高到底部最低的快速排序，反之亦然。

互联网上的数字信息以及数据

但是，首先你必须找到并获取数据。有几种基本方法可以做到这一点。你可以从网络上下载数据，或者从 DVD 或闪存驱动器等存储设备上获取数据，或者自己创建数据库（在本章中，我们将专注于从网络上获取数据）。

由于网络上信息量巨大，找到正确的数据既费时又令人沮丧。但是，如果你有计划地访问网络并对可能找到的内容有深刻的理解，将会获得比较可观的成果。

使用在线资源

尽管有些记者仍对在线资源的实际使用感到苦恼，但大多数人已经学会了将其用于日常报道和长期项目。

早在 20 世纪 80 年代初，《美国银行家报》（*American Banker*）和《堪

萨斯城星报》（*The Kansas City Star*）的记者就曾使用 LexisNexis①——这是一种提供新闻稿件和诉讼案件的收费服务——来研究背景，查找美国各地的法庭案件，以追踪导致数十家贷款机构倒闭的国际骗子。使用关键词"骗子"和"银行"，记者们很快就确定了哪些州的贷款机构受到了影响。

1991 年，在俄亥俄州《哥伦布快报》（*The Columbus Dispatch*）工作的记者迈克·贝伦斯（Mike Berens）在一项开创性调查中，使用一个在线新闻剪辑库创建了一个追踪跨州连环杀手的数据库。通过选择和审查州际公路上未侦破的女性谋杀案，贝伦斯发现了一种行凶模式。

还有记者使用在线数据库来详细统计死于辐射中毒的人数，测量环境有毒地点的污染情况，跟踪滑坡和地震多发区的住房开发情况，或跟踪非营利组织的支出。在线论坛和社交媒体帮助记者收集有关恐怖爆炸、大规模枪击和城市骚乱的信息。

使用哪些在线资源

一种更好的在线调查方法是按照《调查记者手册》②（*Investigative Reporter's Handbook*）建议的两种主要形式来思考：①传统的二手资料，例如有时昂贵的报纸档案、学术论文、商业记录和法庭记录；②原始资料，如政府数据库、文档、社交媒体和讨论组，成本很低，甚至不需要任何费用。

接下来的挑战在于了解是否可以相信你所找到的内容。你必须验证和交叉参照你在网络世界中找到的任何内容。你需要确定哪些网站是可信的

---

① LexisNexis 是世界著名的数据库，全球许多著名法学院、法律事务所、高科技公司的法务部门都在使用该数据库。官方网站是 http://www.lexisnexis.com。——译者注

② 此书由 Bedford Books 出版，作者是布兰特·休斯敦、Investigative Reporters & Editors。——译者注

以及谁创建了这些网站。如前所述，地址以".gov"结尾的网站是由政府机构创建的，因此与政府信息一样可靠。一些地址以".org"结尾的网站由非营利组织、无党派者运营或倡导某项事业。还有一些网站是由企业或个体经营的，通常使用政府数据库，这些网站的地址通常可能以".com"或者".net"结尾。

作为一名优秀的记者，你需要准确识别数据的来源，进行采访，并将你找到的信息与支持或反驳数据库中信息的其他来源的数据进行比较。

鉴于"假新闻"日益增多，很多网站可以检查网站信息的真实性，如Politifact.com、Snopes.com和Factcheck.org，这只是其中几个。但通常情况下，记者必须做这项工作，尤其是在局部范围内，很多指南可以提供帮助，比如美国波因特媒体研究学院（Poynter Institute for Media Studies）有一个事实核查项目，该项目在www.poynter.org/tags/fact-checking-tips上提供建议。

24

数字图书馆研究人员和记者

图书馆研究员对在线工作的记者而言是关键人物。专业研究人员知道信息储存在哪里以及如何用合适的工具找到信息。专业研究人员可以充当向导，提供宝贵的建议和知识，帮助进行复杂的搜索，指引记者找到正确的资源。

在伦敦的英国广播公司工作的保罗·迈尔斯就是一位经验丰富的研究人员。迈尔斯在他的网站researchclinic.net上公开分享他的技术。另一位著名的研究人员是玛戈·威廉姆斯（Margot Williams），她曾在《华盛顿邮报》（*The Washington Post*）、《纽约时报》（*The New York Times*）、美国国家公共广播电台（National Public Radio）和The Intercept网站[1]

---

① 美国的一个调查新闻网站。——译者注

工作。威廉姆斯经常在新闻会议上分发小贴士，分享自己的方法。

但是记者需要学习在没有帮助的情况下进入数字图书馆书库的基本知识。学习使用电子表格和数据库管理器是一样的道理，你不能依赖他人进行所有的数据分析。

新闻编辑室的数据库

新闻稿件的数字馆藏在寻找已被证明有用的数据库时非常有价值。一些商业服务可提供这类资源，比如 LexisNexis 或 NewsBank[①]。图书馆研究人员擅长搜索报纸档案，而一名优秀的记者在开始一项报道之前一定要先查阅档案（也称为"剪报片段"）。这项服务对大学的教师和学生通常是免费的，但对个人和新闻编辑室来说费用可能很高。

讨论组和社交媒体

在线讨论组和社交媒体，如电子邮件列表服务（listserv）、谷歌论坛（Google Groups）、脸书（Facebook）或领英（LinkedIn），也是寻找优质数据库的持续来源。在某些情况下，约会网站对调查个人背景特别有帮助。

你可以加入记者和程序员讨论数据问题的讨论组或论坛。讨论组的另一个好处是，你可以一次向数百或数千人提出问题。你还可以搜索这些讨论组的存档来查看讨论内容。

如果你是一名记者或新闻专业的学生，可以加入美国国家计算机辅助新闻报道协会长时间运营的电子邮件列表服务，你可以在 www.ire.org/resource-center/listservs/subscribe-nicar-l/ 免费订阅。图 2-4 中列出了一

---

① 官方网站是 http://www.newsbank.com/。——译者注

些精选的讨论。

Patrick, Tim (3)	Inbox	[NICAR-L] Converting hh:mm:ss to ss in Excel - Thanks - that worked perfectly,. For anyone looking for the solution worked out mc
Seamus Tuohy	Inbox	[NICAR-L] Hiring: Information Security Technologist at HRW - Hey Everyone, The Information Security team at Human Rights Wa
Dwight Hines	Inbox	[NICAR-L] Third-party transcription services? - India. Best quality checks, quick, all via net, competitive. Google to get list. Dwight
Madolyn Smith	Inbox	[NICAR-L] New resource for the data journalism community from the European Journalism C... - Hi Nicarians, I thought I'd let y
Jennifer .. Erie .. (7)	Inbox	[NICAR-L] data journalism etiquette - Thanks for the input! On Thu, May 17, 2018 at 8:25 PM, David Collins wrote: > The practice o
TRAC, David (3)	Inbox	[NICAR-L] ICE Deportations Only Half Levels of Five Years Ago - "While removals through Secure Communities have recently rec
Jim Feeley	Inbox	[NICAR-L] fwd: Storyful uses tool to monitor what reporters watch - From The Guardian. News to me, but perhaps not to you all.

图 2-4　讨论列表

使用布尔逻辑在互联网上搜索

如果未受过一些训练、未掌握搜索策略，记者就会浪费大量时间在网络上来回奔波寻找数据库。布尔逻辑（Boolean Logic）是有条不紊地搜索数据库和创建数据库子集的方法，稍后将更详细地讨论。但是每位记者都应该知道在搜索中使用“and”、“or”与“not”这三个布尔运算符的力量和影响。布尔逻辑不仅是一个搜索工具，还是在电子表格和数据库管理器中查询及筛选记录的基础。

例如，如果你正在查找关于狗和（and）跳蚤的信息，你只会获得同时包含两者的信息。如果你键入狗或（or）跳蚤，你会获得更多的信息，因为搜索结果包括仅关于狗的信息、仅关于跳蚤的信息以及关于狗和跳蚤的信息。如果你键入狗但不包含（not）跳蚤，那么你会获得不包含但关于狗的信息。

许多搜索引擎如Google会在没有你的指引下自动选择是否使用“and”或“or”。你可以阅读谷歌高级搜索页面中的边注来更好地理解布
尔逻辑。因此，正如《华尔街日报》调查记者兼搜索专家汤姆·麦金蒂所 26
建议的那样，你应该阅读每个搜索引擎的提示。谷歌有很多搜索技巧，整

套指南可以在 https：//support.google.com/websearch/answer/2466433
页面找到。

下载数据库

让我们回到表格数据。可以使用一些方法来简化搜索，如通过访问那
些整理免费的政府数据库或为其编制索引的门户网站。在这些门户网站上
可以访问国际、国家、区域或本地数据库。

在美国，Data.gov 等网站提供可以访问世界各地发布政府数据库的门
户网站的链接，网址为 www.data.gov/open-gov/，用户可以使用电子表格
和数据库管理器快速下载或分析政府数据库。在决定是否下载数据之前，
你还可以使用站点上的工具进行一些基础分析，例如筛选和映射。事实
上，在这样的网站上处理数据是基础数据分析的一个好教程，例如图 2-5
中关于伊利诺伊州厄巴纳市警察逮捕的例子。像许多政府机构一样，厄巴
纳市使用的是政府资助的软件 Socrata，但其他公司使用的是名为 CKAN
的免费版本。在任一版本中，你都可以直接在该网站上进行数据分析。

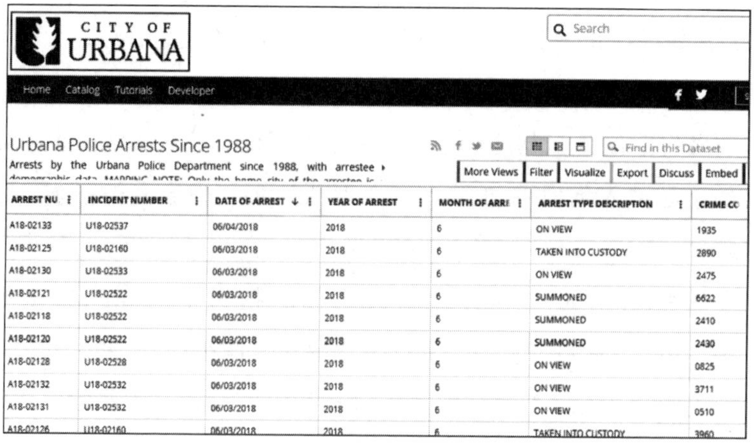

图 2-5　关于伊利诺伊州厄巴纳市警察逮捕的相关数据

世界各地许多政府机构的网站上也有专门的统计和数据部分，例如联合国的数据浏览网站http://data.un.org/Explorer.aspx。美国政府在美国人口普查局www.census.gov/ 等网站上有额外的网关，可以访问美国和非美国地区的数据，你将在本章后面看到更多内容。没有任何在线门户或索引是完整的，但这是一个很有价值的起始点。

小贴士2.2　不同的文件类型

来自网络的表格（tabular）数据库有多种形式，其中大多数可以相对容易地导入电子表格或数据库管理器。例如，美国人口普查局提供多种格式的文件。

以下是数据库中常用的文件格式简短列表：

· Excel或数据库文件，如前所示，文件通常以.xls或.db为扩展名。

· 带分隔符的文件，每列信息之间都有标点符号，如逗号、分号或制表符，文件扩展名通常为.csv，电子表格和数据库管理器通常可以轻松打开这类文件。

· 文本或固定格式文件，数据在连续列中均匀排列，文件扩展名通常为.txt。按照电子表格"向导"的引导可以将这类文件导入其中，或者你可以复制部分数据，直接粘贴到电子表格中。

· HTML文件，文件扩展名为.html或.php，通常可以用电子表格自动读取和打开。你也可以下载一个文件，或者快速复制、粘贴到电子表格中，或者使用简单的网络抓取工具。

· PDF文件，用于打印输出或以其他方式查看数据的静态表示，而不是用于数据分析。这类文件曾经是进行计算机辅助报道的记者一直头疼的问题，但现在有软件可以将它们转换成电子表格格式，如PDF Acrobat、Cometdocs.com或tabula。然而，如果PDF是扫描的，记者在转换PDF时可能会面临很大的困难。

下载不同格式的文件

我们来尝试下载几种文件并在Excel中打开。第一个文件是关于世界各国健康预期寿命的Excel工作表，在世界卫生组织统计网站下载，站点见图2-6。

Healthy life expectancy (HALE) at birth (years)

FILTERS

Last updated: 2020-12-04

Indicator	Healthy life expectancy (HALE) at birth (years)			Healthy life expectancy (HALE) at age 60 (years)		
Location	Both sexes	Male	Female	Both sexes	Male	Female
Afghanistan						
2019	53.95	54.73	53.15	10.84	11.17	10.56
2015	52.6	52.78	52.44	11.2	11.51	10.94
2010	51.13	51.51	50.75	10.91	11.13	10.71
2000	46.76	46.93	46.58	10.17	10.23	10.11
Albania						
2019	69.08	68	70.25	16.58	15.91	17.32
2015	69.03	67.99	70.12	16.66	15.9	17.46
2010	67.57	66.34	68.85	16.71	15.68	17.71
2000	65.24	63.15	67.69	14.98	13.5	16.71
Algeria						
2019	66.39	66.72	66.08	16.02	15.91	16.16
2015	65.99	66.33	65.67	15.89	15.81	15.99
2010	65.53	65.85	65.22	15.62	15.55	15.71
2000	62.71	62.63	62.8	14.65	14.55	14.74
Angola						
2019	54.84	53.55	56.21	12.64	11.55	13.7
2015	53.66	52.18	55.28	12.44	11.28	13.59
2010	50.57	49.27	51.97	11.91	10.85	12.94
2000	42.87	41.18	44.74	10.74	9.66	11.8

图 2-6　世界卫生组织统计网站关于健康预期寿命工作表

单击屏幕顶部的Excel或者CSV选项卡，这个数据表就会自动下载到Excel（见图2-7）。你只需将其保存到电脑上想要保存的文件夹中。然后你就可以开始分析了。（你下载的数据表可能会比网站上展示的多几列，但数据是一样的。）

	A	B	C	D	E	F	G
1		Healthy life expectancy	Healthy life expectancy	Healthy life expectancy	Healthy life expectancy	Healthy life expectancy	Healthy life expectancy
2		Both sexes	Both sexes	Both sexes	Both sexes	Both sexes	Male
3	Country	2016	2015	2010	2005	2000	2016
4	Afghanistan	53	53.2	51.6	49.6	46.9	52.1
5	Albania	68.1	67.8	66.4	65.4	64.9	66.7
6	Algeria	65.5	65.3	64.5	62.8	60.7	65.4
7	Angola	55.8	55.3	51.8	46.7	41.9	53.8
8	Antigua and Barbuda	67	66.9	66.5	65.4	64.6	65.2
9	Argentina	68.4	68.2	67.3	66.7	65.7	65.9
10	Armenia	66.3	66	65.2	64.7	63.8	63.6
11	Australia	73	72.7	72.2	71.4	70.3	71.8
12	Austria	72.4	72.1	71.4	70.6	69.5	70.9
13	Azerbaijan	64.9	64.6	63.4	61.5	59.6	62.8
14	Bahamas	66.8	66.7	66.4	65.1	63.7	64.7
15	Bahrain	68.1	67.7	66.3	64.5	63	68.3
16	Bangladesh	63.3	62.8	60.7	58.6	56.5	62.6
17	Barbados	67	66.8	66.2	65.8	65.1	65.4
18	Belarus	65.5	65.2	62.3	60.8	60.8	61.4
19	Belgium	71.6	71.4	70.8	69.9	68.9	70.2

图 2-7　自动下载形成的文件

　　另一种文件有时为固定格式，如果网站提供 Excel 或 CSV 格式的文件，这种固定格式的文件通常较旧。

　　例如，我们从网站上下载了一个较旧的固定格式文件，它是美国各州的特殊征税地区列表。这类文件的扩展名通常为 .txt。当我们下载并用记事本软件打开文件时，可以看到列是如何排列的（见图 2-8）。

29

图 2-8　固定格式文件

　　查看这些数据时，我们知道，我们需要将其分割成列的指南，记录布局就能做到这一点。我们将在后面的章节中讨论记录布局，现在这是个好机会来先了解一下为什么获取如图 2-9 所示的布局十分重要。

FILE LAYOUT FOR 2007gid_counties.txt

2007 Governments Integrated Directory - Counties				
Field Name	Positions	Start Position	Length	Characteristic
State	01-02	01	2	Governments ID - State code 01 - Alabama thru 51 - Wyoming
Type	03-03	03	1	Governments ID - Type of Government code Always '1' (indicates "county government")
County	04-06	04	3	Governments ID - County code Numeric
Unit	07-09	07	3	Governments ID - Unit code Numeric
Supplement	10-12	10	3	Governments ID - Supplement code Always '000' (records are independent governm
Sub Code	13-14	13	2	Governments ID - Sub code Always '00' (records are independent governme
Government Name	15-78	15	64	Name of governmental unit

图 2-9　记录布局

30

　　记录布局文件显示信息进入哪些列以及列的宽度，有时还包括代码表和数据类型（如文本、数字或日期）。

你可以看到，记录布局告诉你数据在每一列中有多少个空格，就像填字游戏一样。当你将固定格式的数据导入电子表格（如 Excel）时，此信息对于获得准确的下载并将数据导入电子表格非常关键。

接下来是棘手的部分：用 Excel 打开文件。点击"文件"（File）菜单下面的"打开"（Open）选项，会出现如图 2-10 所示的"向导"（Wizard）界面。"向导"会提示文本是固定格式，还是包含分隔符，例如逗号。

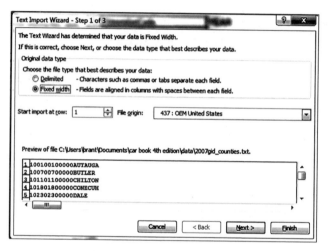

图 2-10 "向导"界面（文本导入第 1 步）

在此情况下，我们选择"固定宽度"（Fixed Width），因为它是一个文本文件，其中的列（也称为"字段"）已经左对齐且中间应该有空格。点击"下一步"（Next），我们发现现在可以在数据中绘制线条来创建列，也可以根据需求来删除或移动线条。

有时 Excel 会推测添加线条的正确位置，但不会考虑添加到数据的开始部分。因此，我们可以根据文件记录布局在正确的空格处添加线条，"州"（state）是前两个空格，"政府机构类型"（type of government）是第三个空格，"县"（county）是接下来三个空格，依次类推，如图 2-11 所示。

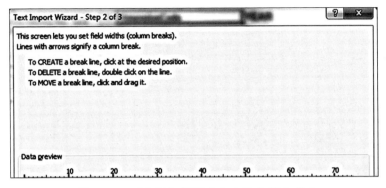

图 2-11　"向导"界面（文本导入第 2 步）

　　根据记录布局，为数据绘制正确的线条后，点击"下一步"按钮，看到"向导"现在允许我们为每列选择正确的数据类型，如图 2-12 所示。在这个例子中，我们将选择"常规"（General）选项，遵循程序给出的每个建议。（我们将在后面的章节中讨论数据类型。）

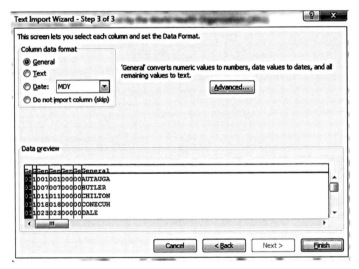

图 2-12　"向导"界面（文本导入第 3 步）

　　点击"完成"（Finish），我们将获得工作表，并准备好进行数据分析，如图 2-13 所示。完成此步骤后，应立即将该文件另存为 Excel 文件。　32

	A	B	C	D	E	F	G	H	I	J	L	M	N
1	1	1	1	1	0	0	AUTAUGA	COUNTY	CHAIRMAN	134 NORTH COURT S	PRATTVILLE	AL	36067
2	1	1	7	7	0	0	BUTLER	COUNTY	CHAIRMAN	P.O. BOX 756	GREENVILLE	AL	36037
3	1	1	11	11	0	0	CHILTON	COUNTY	CHAIRMAN	P.O. BOX 1948	CLANTON	AL	35046
4	1	1	18	18	0	0	CONECUH	COUNTY	CHAIRMAN	P.O. BOX 347	EVERGREEN	AL	36401
5	1	1	23	23	0	0	DALE	COUNTY	PROBATE JUDGE	202 HWY. 123 SOUTH	OZARK	AL	36360
6	1	1	36	36	0	0	JACKSON	COUNTY	CHAIRMAN	102 E. LAUREL STREE	SCOTTSBORO	AL	35768
7	1	1	40	40	0	0	LAWRENCE	COUNTY	CHAIRMAN	750 MAIN STREET	MOULTON	AL	35650
8	1	1	47	47	0	0	MARION	COUNTY	CHAIRMAN	PO BOX 460	HAMILTON	AL	35570
9	1	1	54	54	0	0	PICKENS	COUNTY	CHAIRMAN	P.O. BOX 460	CARROLLTON	AL	35447
10	1	1	65	65	0	0	WASHINGTON	COUNTY	PROBATE JUDGE	P.O. BOX 146	CHATOM	AL	36518
11	1	1	31	31	0	0	GENEVA	COUNTY	COMMISSION, CHAIRMAN/PROB	P.O. BOX 430	GENEVA	AL	36340
12	3	1	8	8	0	0	MOHAVE	COUNTY	SUPERVISOR, CHAIR	401 SPRING STREET	KINGMAN	AZ	86401
13	1	1	4	4	0	0	BIBB	COUNTY	COMMISSIONER, CHAIR	157 SW DAVIDSON D	CENTREVILLE	AL	35042
14	1	1	9	9	0	0	EL DORADO	COUNTY	SUPERVISOR, CHAIR	330 FAIR LANE	PLACERVILLE	CA	95667
15	5	1	11	11	0	0	GLENN	COUNTY	CHAIRMAN	526 WEST SYCAMORI	WILLOWS	CA	95988
16	5	1	32	32	0	0	PLUMAS	COUNTY	SUPERVISOR, CHAIR	520 MAIN STREET, RC	QUINCY	CA	95971
17	5	1	35	35	0	0	SAN BENITO	COUNTY	SUPERVISOR, CHAIR	481 FOURTH STREET	HOLLISTER	CA	95023
18	5	1	43	42	0	0	SANTA CLARA	COUNTY	COUNTY EXECUTIVE OFFICER	70 W HEDDING, 10TH	SAN JOSE	CA	95110
19	5	1	58	57	0	0	YUBA	COUNTY	SUPERVISOR, CHAIRMAN	215 5TH STREET	MARYSVILLE	CA	95901
20	21	1	11	10	0	0	FREDERICK	COUNTY	EXECUTIVE DIRECTOR	12 E. CHURCH STREET	FREDERICK	MD	21701
21	21	1	12	11	0	0	GARRETT	COUNTY	COMMISSIONER, CHAIRMAN	203 SOUTH FOURTH	OAKLAND	MD	21550
22	31	1	1	1	0	0	ATLANTIC	COUNTY	COUNTY EXECUTIVE	1333 ATLANTIC AVE.	ATLANTIC CITY	NJ	8401
23	31	1	18	18	0	0	SOMERSET	COUNTY	FREEHOLDER DIRECTOR	20 GROVE STREET	SOMERVILLE	NJ	8876
24	44	1	8	8	0	0	AUSTIN	COUNTY	COUNTY JUDGE	ONE EAST MAIN STRI	BELLVILLE	TX	77418
25	44	1	56	56	0	0	DALLAM	COUNTY	COUNTY JUDGE	P.O. BOX 9395	DALHART	TX	79022
26	44	1	79	79	0	0	FORT BEND	COUNTY	COUNTY JUDGE	301 JACKSON STREET	RICHMOND	TX	77469

图 2-13　文本导入完成效果

接下来，我们将尝试下载相同信息的带分隔符文件。标准的带分隔符文件是 CSV 文件，大多数 CSV 文件和 Excel 文件一样容易下载并导入 Excel。例如，只要你的电脑上安装了 Excel 软件，关于世界各地肺结核病例的 CSV 文件下载后会自动在 Excel 中打开。我们单击网站上的文件，如图 2-14 所示。

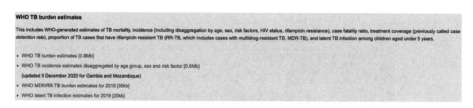

图 2-14　下载 CSV 文件

下载完成后，数据会直接导入 Excel 并打开。你要做的就是将其保存为 Excel 文件并进行分析（见图 2-15）。

然而，有时候，文件会显示它是一个 CSV 文件，但分隔符可以是分

号、制表符或其他字符。例如，观察图 2-16 所示的关于美国枪支经销商
的数据库。当你导入数据时，可以看到，除了使用制表符外，它很像固定
格式文件。因此，将分隔符更改为制表符就可以正确地排列数据。

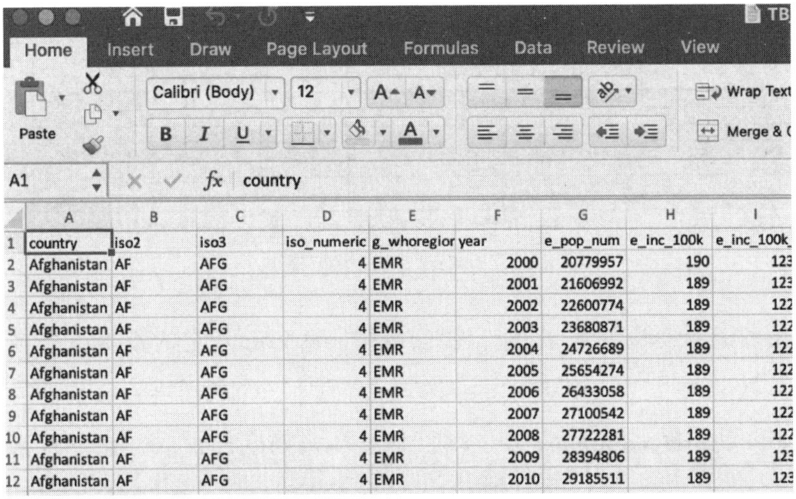

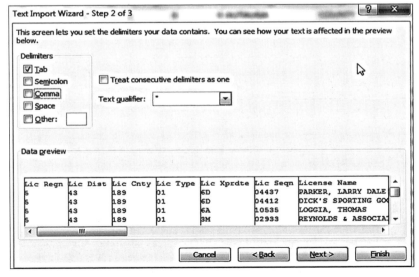

图 2-15 Excel 自动打开下载的 CSV 文件

图 2-16 分隔符设置为 "制表符"

　　处理 PDF 文件时，现在有一些快速的解决方案。例如，一座城市在其网站上发布工资信息和其他信息，但只有如图 2-17 所示的 PDF 格式。

Name	Title	Group	Moving Expenses	Vehicle Allowance	Clothing Allowance	Other Earnings	Earnings	Health Insurance
ALLEN, AARON S	ST MW II-01	AFSCME			$ 566.00	$ 833.13	$ 78,343.13	$ 8,986.64
ANDERSON, MIKE D	SS MW II-01	AFSCME			$ 566.00	$ 833.13	$ 61,433.65	$ 12,655.52
BARNES, SARAH E	TELECOM I-06	AFSCME				$ 833.13	$ 39,206.95	$ 6,361.32
BARR, AMELIA E	TELECOM I-21	AFSCME				$ 833.13	$ 66,312.88	$ 10,452.24
BEASLEY, MENDY J	TELECOM I-22	AFSCME				$ 833.13	$ 67,299.79	$ 7,319.44
BECKMAN, STEPHEN	CONC MWII-01	AFSCME			$ 566.00	$ 833.13	$ 82,960.16	$ 12,329.36
BEHNEKE, WANDA Y	CS REP-04	AFSCME				$ 833.13	$ 53,084.72	$ 2,400.00
BELLMORE, DAVID P	TELECOM I-18	AFSCME				$ 833.13	$ 74,226.18	$ 7,318.88
BENNETT, KATHRYN	POL S REP-04	AFSCME					$ 12,738.63	$ 2,441.60
BIDWELL, PAULA J	POLINFRES-08	AFSCME			$ 418.00	$ 833.13	$ 55,145.78	$ 7,318.64
BIGHAM, DENNIS	ST MW II-03	AFSCME			$ 566.00	$ 833.13	$ 81,502.81	$ 12,713.68
BRAUER, LAURIE	TELECOM I-06	AFSCME					$ 11,650.96	$ 600.00
BRAZELTON, DEANNE L	TELECOM I-05	AFSCME				$ 833.13	$ 69,705.97	$ 7,318.88
BREWER, SETH M	AC CLK II-03	AFSCME				$ 833.13	$ 53,160.13	$ 12,719.20

图 2-17　网站上的 PDF 格式信息

　　许多记者使用的在线服务是 CometDocs.com。它的基本服务是免费的。你将 PDF 文件上传到 CometDocs 界面 [这个例子中的文件名为“薪酬总额”（ total compensation ）]，并将其拖到底部窗口，在下方窗口中选择“to Excel（xlsx）”，将 PDF 文件转换为 Excel 格式，如图 2-18 所示。

　　如图 2-18 和图 2-19 所示，在 CometDocs 界面中你可以下载多种格式的数据。如果你想将数据导入 Excel 或其他类型的分析软件之前过滤掉某些类型的记录，你可以选择下载文本文件。CometDocs 也可以将文件通过电子邮件发送给你。

　　在图 2-19 中，以 Excel 格式下载。

　　在下载数据库时总是存在潜在的问题，如有时候分隔符被错误识别，有时候数据中有隐藏的标记或字符。但如果你慢慢来，并仔细地检查数据，通常可以自己找出问题。完成了这些步骤，就已经准备好着手进行数据分析来追求好的新闻报道。

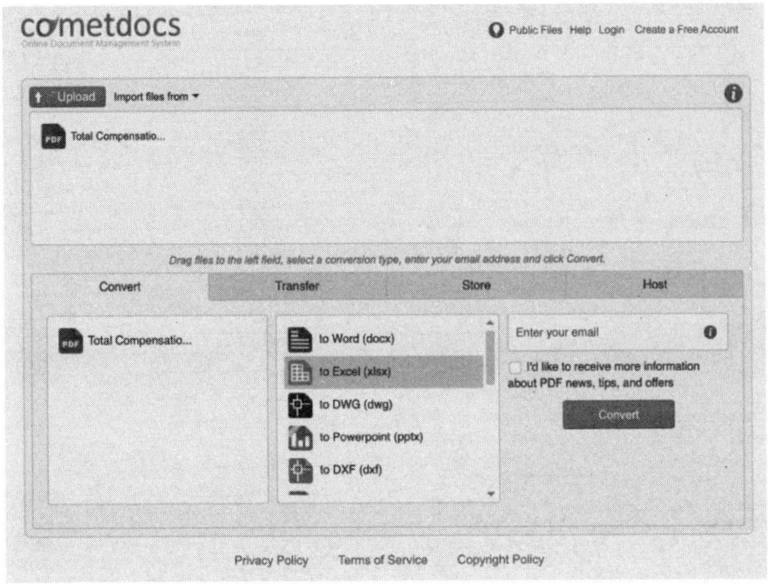

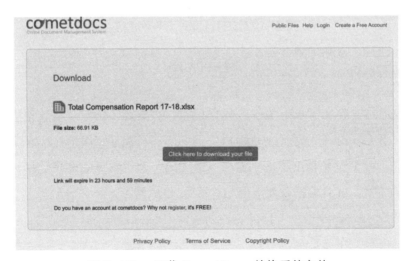

图 2-18a 选择"to Excel（xlsx）"选项

图 2-18b 下载 CometDocs 转换后的文件

注：CometDocs 更新频繁，此图为 2022 年 CometDocs 界面，由译者截取进行
了更新，为读者展示最新信息。——译者注

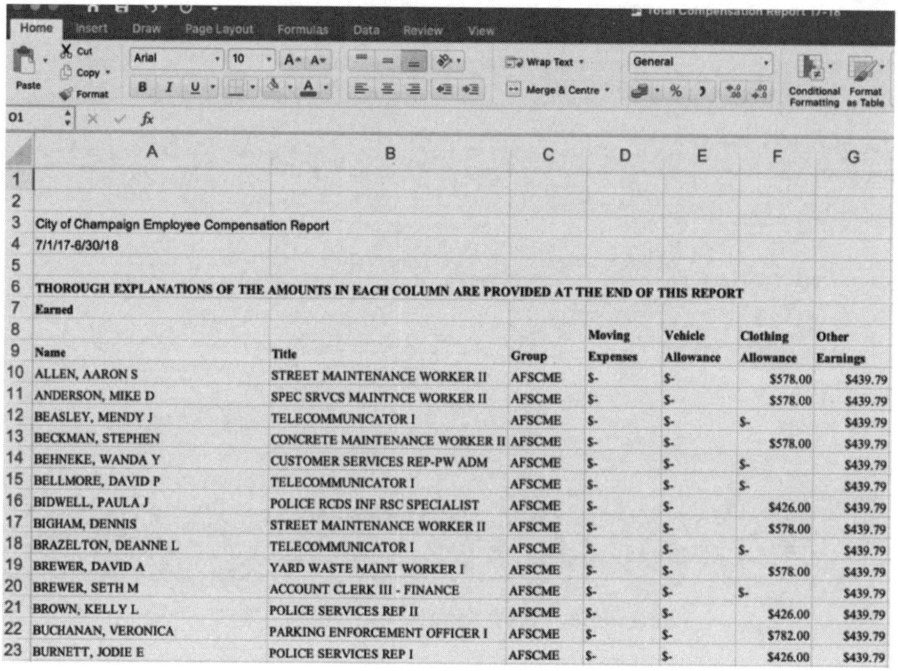

	A	B	C	D	E	F	G
1							
2							
3	City of Champaign Employee Compensation Report						
4	7/1/17-6/30/18						
5							
6	THOROUGH EXPLANATIONS OF THE AMOUNTS IN EACH COLUMN ARE PROVIDED AT THE END OF THIS REPORT						
7	Earned						
8				Moving	Vehicle	Clothing	Other
9	Name	Title	Group	Expenses	Allowance	Allowance	Earnings
10	ALLEN, AARON S	STREET MAINTENANCE WORKER II	AFSCME	$-	$-	$578.00	$439.79
11	ANDERSON, MIKE D	SPEC SRVCS MAINTNCE WORKER II	AFSCME	$-	$-	$578.00	$439.79
12	BEASLEY, MENDY J	TELECOMMUNICATOR I	AFSCME	$-	$-	$-	$439.79
13	BECKMAN, STEPHEN	CONCRETE MAINTENANCE WORKER II	AFSCME	$-	$-	$578.00	$439.79
14	BEHNEKE, WANDA Y	CUSTOMER SERVICES REP-PW ADM	AFSCME	$-	$-	$-	$439.79
15	BELLMORE, DAVID P	TELECOMMUNICATOR I	AFSCME	$-	$-	$-	$439.79
16	BIDWELL, PAULA J	POLICE RCDS INF RSC SPECIALIST	AFSCME	$-	$-	$426.00	$439.79
17	BIGHAM, DENNIS	STREET MAINTENANCE WORKER II	AFSCME	$-	$-	$578.00	$439.79
18	BRAZELTON, DEANNE L	TELECOMMUNICATOR I	AFSCME	$-	$-	$-	$439.79
19	BREWER, DAVID A	YARD WASTE MAINT WORKER I	AFSCME	$-	$-	$578.00	$439.79
20	BREWER, SETH M	ACCOUNT CLERK III - FINANCE	AFSCME	$-	$-	$-	$439.79
21	BROWN, KELLY L	POLICE SERVICES REP II	AFSCME	$-	$-	$426.00	$439.79
22	BUCHANAN, VERONICA	PARKING ENFORCEMENT OFFICER I	AFSCME	$-	$-	$782.00	$439.79
23	BURNETT, JODIE E	POLICE SERVICES REP I	AFSCME	$-	$-	$426.00	$439.79

36 图 2-19 打开下载的 Excel 文件

网页抓取

有时候，你在网页上找到的数据只能一次查看一条记录或数据集的一部分。我们不会深入讨论网页抓取数据的所有可能性，因为这样它会变得很复杂。我们只想指出，网页抓取已经成为一种更常见的查找数据和下载数据的方式，并且数据以便捷的 csv 或 xls 格式储存。

例如，Scraper 是一个可以安装到谷歌 Chrome 浏览器的基本工具。你可以从谷歌应用商店免费下载，如图 2-20 所示。

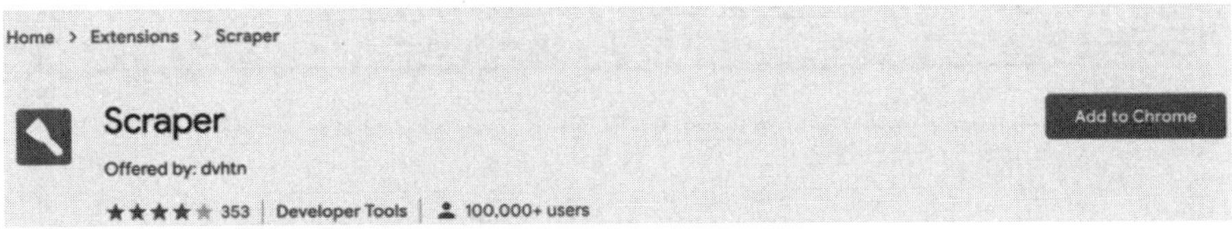

图 2-20　下载 Scraper 工具

注：Scraper 更新频繁，此图为 2022 年 Scraper 下载界面，由译者截取进行了更新，为读者展示最新信息。——译者注

当你在网络上看到一个数据集时，例如美国各州器官移植等候名单（https://optn.transplant.hrsa.gov/data/view-data-reports/national-data/#）（见图 2-21），Scraper 就派上用场了。

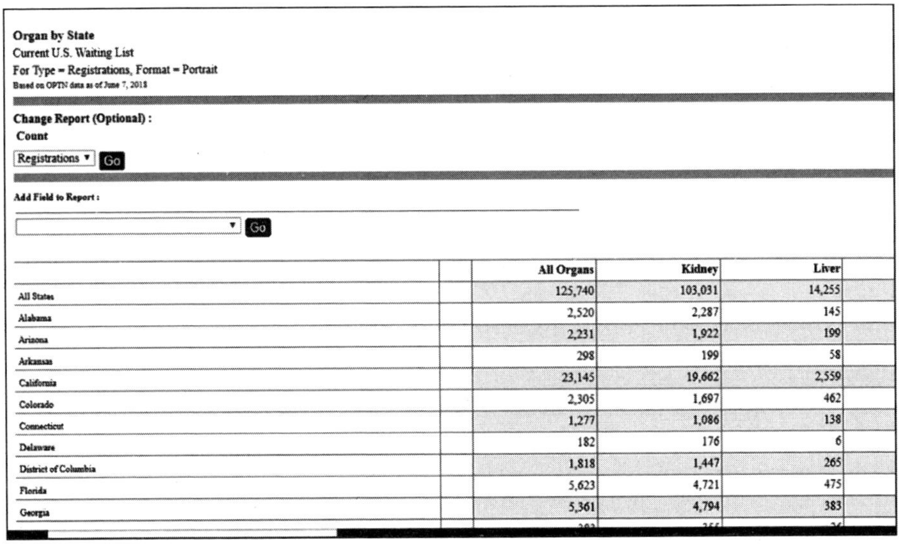

图 2-21　美国各州器官移植等候名单

37

在这个页面显然没有 Excel 或 CSV 文件可供下载，复制和粘贴表格信息可能需要花费一些时间。但是将 Scraper 安装到浏览器上，便可以突出显示第一行记录，如图 2-22 所示。

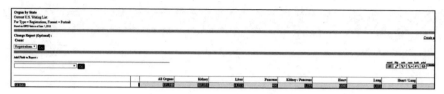

图 2-22　突出显示第一行记录

如果右键单击鼠标，会出现"抓取相似信息"（Scrape similar）选项，如图 2-23 所示。

			All Organs	Kidney	Liver	Pancreas
All States			125,678	102,995	14,241	902
Alabama				2,290	141	9
Arizona				1,922	196	16
Arkansas				198	58	0
California				19,650	2,555	65
Colorado				1,699	461	8
Connecticut				1,084	139	2

Copy　　　　　　　　　　　　　　　　　　　　Ctrl+C
Search Google for "All States　125,678 102,995 14,241 902 1,721..."
Print...　　　　　　　　　　　　　　　　　　　Ctrl+P
Scrape similar...
Inspect　　　　　　　　　　　　　　　　　　　Ctrl+Shift+I

图 2-23　"Scrape similar"选项

所有数据都将导入表格文件，如图 2-24 所示。

		All States	Column 2	Column 3	Column 4	
	1	All States	125,678	102,995	14,241	
	2	Alabama	2,518	2,290	141	
	3	Arizona	2,229	1,922	196	
	4	Arkansas	297	198	58	
	5	California	23,130	19,650	2,555	
	6	Colorado	2,305	1,699	461	
	7	Connecticut	1,276	1,084	139	
	8	Delaware	183	177	6	
	9	District of Columbia	1,821	1,451	264	

图 2-24　选项抓取结果

在文件的底部有一个"导出到谷歌文档"（Export to Google Docs）按钮。单击该按钮，数据就会显示为列和行，如图 2-25 所示。（你需要自己添加大部分列标题，但这不是很烦琐的工作。）

		National Data - OPTN ☆ 🗁			
		File　Edit　View　Insert　Format　Data　Tools　Add-ons　Help　Last edit was 4 minutes ag			
		↶ ↷ 🖨 🖉　100% ▾　$　% .0 .00 123 ▾　Arial　▾　10　▾　B I S			
fx	All States				

	A	B	C	D	E	F
1	All States	Column 2	Column 3	Column 4	Column 5	Column 6
2	All States		125,740	103,031	14,255	901
3	Alabama		2,520	2,287	145	9
4	Arizona		2,231	1,922	199	16
5	Arkansas		298	199	58	0
6	California		23,145	19,662	2,559	64
7	Colorado		2,305	1,697	462	8
8	Connecticut		1,277	1,086	138	2
9	Delaware		182	176	6	0
10	District of Colum		1,818	1,447	265	23
11	Florida		5,623	4,721	475	17
12	Georgia		5,361	4,794	383	10
13	Hawaii		383	355	26	0
14	Illinois		4,287	3,534	352	45

图 2-25　"导出到谷歌文档"的结果

Scraper 工具和其他网页抓取软件能做的远不止这些，无论是合并一系列表格，还是从你只能一次看到一条记录的站点收集数据都是可行的。虽然需要花些时间去了解不同软件之间的细微差别，但网页抓取开辟了更深层次的数据下载。

本章小结

· 互联网有多种用途，包括获取联系方式、做研究、查找和使用数据库。

· 电子邮件列表服务、论坛、新闻组和社交媒体都是寻找特定讨论主题的方式。

· 每一则新闻报道都从查看电子新闻档案和使用搜索引擎开始。

39

· 索引是着手调查的有效方法。

· 许多政府网站有可供下载分析的数据，也有关于其他国家的数据库。

· 数据库有多种格式，都可以导入电子表格和数据库管理器，但难度不同。

· 如果网站提供的完整数据库不是可用的典型格式，那么你可以使用网页抓取来捕获和整理数据。

计算机辅助报道的应用

《阿肯色州民主党人公报》（*The Arkansas Democrat-Gazette*）对阿肯色州的非营利性私人基金会进行了详细的调查，并发现了一个惊人的数字。阿肯色州的 273 个私人基金会控制着大约 15 亿美元资产，并且一年内发放了 1.16 亿美元。阿肯色州经济落后于美国其他地区的州。如果没有这些基金，贫困的密西西比河三角洲会更加绝望。

为了了解基金会的影响，我们跟踪了这笔资金并得到了基金会必须向美国国税局（IRS）提交的 990-PF 表格，并从国家慈善统计中心（National Center for Charitable Statistics）获得了电子数据。但信息不止这些。在台式电脑上上网时，我们发现了大量关于非营利组织尤其是非营利性基金会的网站。

位于纽约的基金会中心就是一个信息金矿。该组织的网站及其出版物是非常宝贵的。在基金会中心的网站上，你可以找到受赠人、基金会官员等记录。

美国国税局在网上有大量关于非营利组织的信息，包括列出所有非营利组织的数据文件。非营利组织 Guidestar[①]（ www.guidestar.

40

[①] 这个非营利组织每年从美国国税局以较低的价格拿到免税组织的原始申请文件及 990 表，任何人都有权查阅该网站上的信息。同类网站还有 www.foundationcenter. org。——译者注

org）收集并发布大多数非营利组织提交给美国国税局的信息。

我们的第一则新闻报道中就有关于基金会整体情况的关键统计数据。我们的第二则新闻报道聚焦于基金会资金流入三角洲地区的细节。我们的第三则新闻报道着眼于沃尔顿家族基金会的影响。

——杰夫·波特（曾供职于《阿肯色州民主党人公报》），现任医疗保健记者协会（Association for Healthcare Journalists）数据库主任

推荐练习

1. 分别搜索三个有数据的国际网站、联邦政府网站和州政府网站。

2. 从你找到的某个网站下载数据。

3. 将数据导入电子表格。

4. 加入电子邮件列表服务 NICAR-L，并寻找另外两个新闻数据网站跟进。　41

第三章 收集并分析文本、社交媒体

我们使用了 Project Backlight 软件，它是图书馆员通常使用的开源软件，记者也会使用。这个软件很容易上手，因为你能用它进行归类搜索。例如，你可以按照被泄露的文件夹结构、年份和文件类型进行归类。同时，这个软件也能够完成一些复杂的搜索，支持使用正则表达式进行查询，所以更高级的用户能够搜索具有特定数字模式的文档，例如护照数字查询。你也可以使用这个软件预览和下载文档。

——马尔·卡夫拉（Mar Cabra），曾参与关于"巴拿马文件"事件（Panama Papers）[①] 的报道，该文件以超过 2TB（两兆字节）的数据披露了相关离岸公司

最具挑战性的工作之一是我必须阅读大量文档，其中大部分是垃圾，但也隐藏着一些真正的瑰宝。PDF 阅读器还不够好。我一般使用 Adobe Acrobat Pro DC 软件，因为它有很好的光学字符识别工具，可以为每页的单词编制索引，还可以搜索单词。最近，我一直在尝试使用一种名为 Logical 的服务。这项服务是为律师事务所创建的，用于进行文档发现工作，但在尝试分析和注释我通过《信息自由法》（Freedom of Information Act）[②] 请求而获得的成堆文档时也非常有用，在某些情况下，这个软件可

---

① 2016年4月6日，巴拿马一家律师事务所的1150万份机密文件被匿名泄露，该文件说明了富人、名人以及有权势的人如何隐藏财富，以至于引发了有关全球金融监管的事件。——译者注

② 《信息自由法》是美国的一项法律，赋予公众获取联邦政府机构持有的某些信息的权利。——译者注

以运行到 18000 页。文件云（Document Cloud）也是一个极好的工具。

——埃里克·利普顿（Eric Lipton），《纽约时报》 43

在过去 10 年里，记者们不得不在分析文档、电子邮件、社交媒体以及其他形式的非结构化数据方面变得更加老练。信息请求的自由可能导致我们需要准确和快速地分析成千上万页的备忘录和电子邮件。泄露的数百万页机密文件（例如"巴拿马文件"）需要转换成某种结构化数据，以便高效地搜索、为文档编制索引来找到其中的模式和联系。社交媒体帖子与推文在下载和分析时提供了大量的提示及信息。

非结构化数据（例如文本、音频、照片和视频）还支持对大型数据集进行更多可视化，从而更快速地识别模式和异常值，并以信息图表和交互式演示文稿方式展示。处理非结构化数据的需求也使图书馆管理员、信息科学家和档案管理员的数量增加了，他们致力于有效地搜索、分析、存储和检索非结构化数据。

记者感受非结构化文本可视化力量的一个最基本途径就是将其导入"词云"（Word Cloud）。这类软件能够计算某个词或短语在演讲稿或其他文档中重复出现的次数，然后进行可视化，以文字大小来表示重复的次数。现在记者掌握的技能远超于此，但这种分析方法对于快速了解演讲者所强调的内容方仍然是有用的。通常，你打开词云软件，就可以复制、粘贴记录中的文本或将其导入软件。如图 3-1 所示，我们打开免费软件 Word Art①，然后点击"导入"（Import），这样就能把唐纳德·特朗普（Donald Trump）总统 2017 年就职演说的文字记录导入软件。

软件剔除了特朗普演讲中的"the"和"or"等常用词后统计字数，如图 3-2 所示。

---

① 该软件官网是 http://wordart.com/。——译者注

然后点击"可视化"（Visualize）按钮，就会产生如图 3-3 所示的结果。

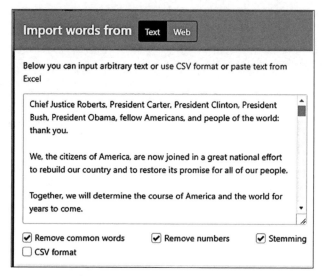

44

图 3-1　文字记录导入 Word Art 软件

图 3-2　统计特朗普演讲稿中的不同单词出现次数

图 3-3　特朗普就职演讲稿的词云效果图

我们对侯赛因·奥巴马（Hussein Obama）总统 2013 年的就职演讲进行了同样的分析，产生了如图 3-4 的可视化结果。

图 3-4　奥巴马就职演讲稿的词云效果图　　　　45

即使采用这种最基本的方法，也可以对比每位总统在就职演讲中强调的内容，包括相同点和不同点。使用词云也会让记者开始思考文本分析。

然而，正如卡夫拉和利普顿指出的那样，这种方法只能处理一份文件，记者常常需要同时处理多份文件。记者可以从最佳网站之一 https://www.documentcloud.org/home 入手（见图 3-5）。DocumentCloud 是由新闻工作者为记者创建的，记者可以免费订阅，上传转换为数据的文档，从而进行分析和注释。

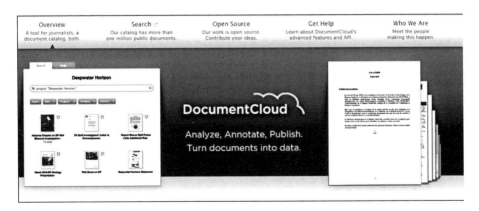

图 3-5　DocumentCloud 网站　　　　46

DocumentCloud 使用英国路透社提供的 Open Calais 软件转换文档，并提供其他文档和数据中相关信息的链接，以便更好地识别人员和地点，还提供更多有关这些人员和地点的信息，路透社的 Open Calais 网站如图 3-6 所示。

图 3-6　Open Calais 网站

小贴士 3.1　Open Calais 工具

正如路透社在其网站上解释的那样："路透社使用自然语言处理（Natural Language Processing）和机器学习算法。"正如路透社所说："对于用户而言，处理过程是非常简单的，你只需要将非结构化文本（如新闻文章、博客帖子等）输入提取引擎，就可以检查你的文本并找到以下信息：

- 实体，如公司、人物、地点或产品等。
- 关系，如约翰·多伊（John Doe）为 Acme 公司工作。
- 事实，如约翰·多伊是一名 42 岁的男性首席财务官（CFO）。
- 事件，如简·多伊（Jane Doe）被任命为 Acme 公司的董事会成员。
- 主题，如新闻报道是关于制药业的并购。

记者使用 DocumentCloud 更彻底地浏览了成千上万页文档，看到他们只阅读文档时可能看不到的联系，并对文档的重要部分进行注释。新闻报道揭露有缺陷的医疗设备、可疑的超速罚单、政治游说记录、联邦官员泄露的电子邮件、非营利组织的文档以及国家安全问题。

以下是伊利诺伊州《皮奥瑞亚报》（*Peoria*）使用 DocumentCloud 分析警察投诉中的实体的示例（见图 3-7）。在"分析"（Analyze）选项卡中可以选择"查看实体"（View Entities）或者"查看时间线"（View Timeline）选项。

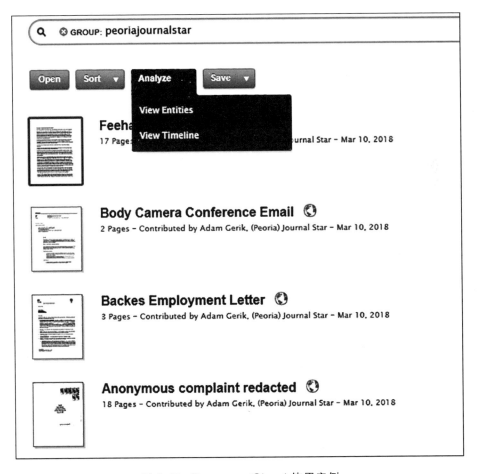

图 3-7　DocumentCloud 使用案例

　　你可以看到该软件已经从投诉文档中提取了"实体"，即人员、组织
48（以及屏幕外的地点），如图 3-8 所示。

　　在图 3-8 中，Open Calais 提供了一个跨越了 10 份文档[①]的时间线，
记者可以放大文档来获取详细信息。在任何一种情况下，单击标记都可以
回到原始文档。

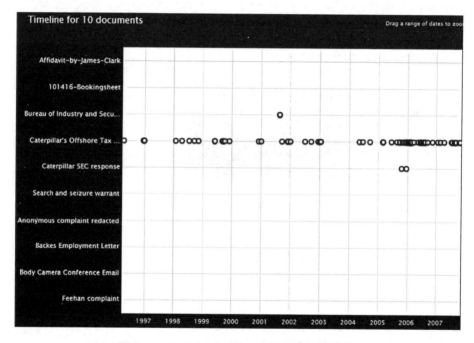

图 3-8　DocumentCloud 软件的提取结果

　　这是在 DocumentCloud 上处理文本的工具。另一个有用的工具是为
文档做注释，就像在图 3-9 中美联社（AP）记者对司法部的咨询信所做
的处理，适用于报道期间和新闻受众。

---

　　① 图 3-8 中左侧显示了 10 份文档的标题。——译者注

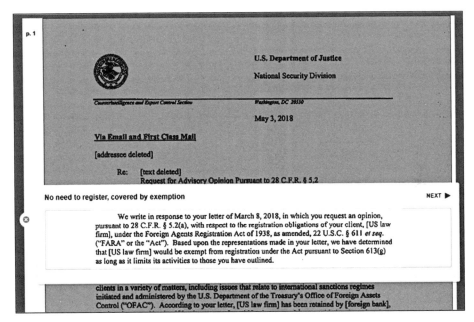

图 3-9　记者使用 DocumentCloud 上的工具为文档做注释

社交媒体在新闻采集和分析中的作用

　　记者希望利用社交媒体进行新闻采集和分析，更为简便的工具也正在开发。目前，使用一些最好的工具需要具备编码能力，但利用社交媒体本身以及一些免费的应用程序，仍有非编码的方法可以实现新闻采集和分析。

　　首先，记者需要一份清单。搜索社交媒体并将内容复制到 Word 文档中，这通常是记者查看的最后一个提供重要信息的社交媒体网站。记者有时会忘记社交媒体是新闻报道的强大资源，因为记者更多地使用社交媒体与家人和朋友交流。另外，利用社交媒体了解一些获取关于人物、组织和地点的消息及其背景的基本技巧和工具也是相当不错的。

小贴士 3.2　社交媒体清单

这是可以用于调查人员与组织的部分社交媒体清单。你可以添加其他本地或特定主题的网站。

- 推特（Twitter）
- 脸书（Facebook）
- 领英（LinkedIn）
- 照片墙（Instagram）
- 拼趣（Pinterest）
- 汤博乐（Tumblr）
- 红迪网（Reddit）
- 色拉布（SnapChat）
- 邻居网（Next Door Neighbor）
- Tinder 等交友网站

如第二章所述，在社交媒体网站上着手搜索的最佳起点通常是网站自己的指南。例如，推特提供了高级搜索（见图 3-10），它看起来很像谷歌的高级搜索。

脸书也有高级搜索功能（见图 3-11），只是记者有时会忽略。

领英的搜索工具可以根据姓名、公司、学校、团体和位置进行搜索，如图 3-12 所示。

英国广播公司研究员兼 Research Clinic 网站①的创始人保罗·迈尔斯拥有大量关于社交媒体搜索和验证的指南及技巧档案。道格·哈迪克斯（Doug Haddix）是一名资深记者，也是美国调查记者编辑协会的执行董事，他也有简明的技巧表。欧洲的记者亨克·范·埃斯（Henk Van Ess）教授也在网上分享了他的技巧和指南。

---

① 该网站地址是 http://researchclinic.net/。——译者注

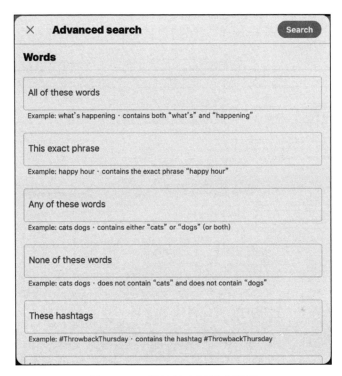

图 3-10 推特的高级搜索页面

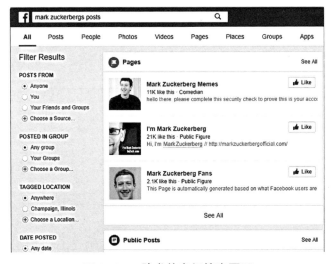

图 3-11 脸书的高级搜索页面

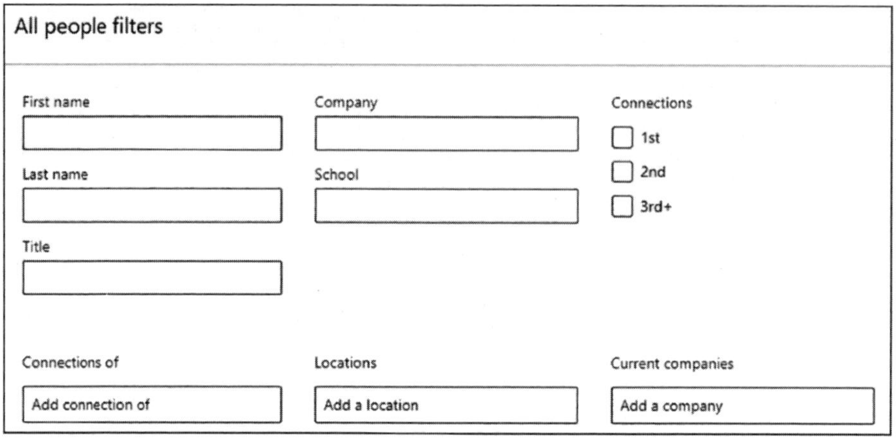

```
All people filters

First name                    Company                      Connections
[                    ]        [                    ]        [ ] 1st

Last name                     School                       [ ] 2nd
[                    ]        [                    ]        [ ] 3rd+

Title
[                    ]

Connections of                Locations                    Current companies
[ Add connection of ]         [ Add a location    ]        [ Add a company   ]
```

图 3-12 领英的搜索工具页面

小贴士 3.3　有用的社交媒体搜索工具

一些有用的社交媒体搜索工具包括：

· StalkScan 是另一个不错的脸书搜索工具，网址是 https://stalkscan.com/。

· All My Tweets 可以收集用户的所有推文，网址是 https://www.allmytweets.net/connect/。

· 领英的搜索工具可以根据姓名、公司、学校、团体和位置进行搜索。

· Social Searcher（社交搜索）可以整理人们在不同社交媒体上发的帖子，网址是 www.social-searcher.com/。

· TrendsMap 显示世界各地推特上的话题趋势，网址是 www.trendsmap.com./。

　　这份名单可能相当长，记者需要跟上不断变化的工具。还有一些工具因为无法访问社交媒体或者出现了更好的工具而消失了。本书并没有囊括

需要编码技术的高级工具，但美国西北大学（Northwestern University）的奈特实验室（Knight Lab）（https://knightlab.northwestern.edu/）是获取有关社交媒体工具最新提示的好地方，奈特实验室本身也开发用于社交媒体分析和数据分析的工具。

但同样重要的是如何使用这些工具，一些最简单的用法可以将你的报道提升到另一个层次。

最近的一个例子是，美国伊利诺伊大学厄巴纳-香槟分校（University of lllinois in Urbana-Champaign）的一名前物理学研究生被逮捕并被指控绑架了一名年轻的中国女学者[1]。在 24 小时内，记者和感兴趣的公众利用联邦调查局提交给联邦法院的证词中提供的少量信息而有所发现，并发布了新闻报道。他们发现：

从克里斯滕森（Christensen）[2]的推特帖子中，他们得知他来自威斯康星州（Wisconsin）的史蒂文斯波因特（Stevens Point），并且知道了他的爱好，比如他喜欢《美国精神病人》（*American Psycho*）[3]这本小说、喜欢打游戏，当然还得知了他的朋友列表以及朋友们对他的评论。

从他妻子的推特帖子中，你可以发现她在丈夫被当局审问的第一天就替换了在威斯康星州麦迪逊市（Madison）威斯康星大学（University of Wisconsin）的克里斯滕森毕业典礼上拍摄的他俩合照。

在红迪网上，其他侦探通过查看他的个人网站分享了各种不同的侦查笔记。克里斯滕森是一名助教，学生们也在红迪网上评论了和他接触的细节。

在交友网站 Tinder 上，他介绍了自己及自己的开放式婚姻。

---

① 即章莹颖案。——译者注
② 即章莹颖案的凶手。——译者注
③ 该小说描述了一个拥有双重性格的华尔街骄子疯狂杀人的故事。——译者注

实际上，还有更多使用开源文本、视频、音频的深度报道和调查，它
们都非常值得关注和学习其中的教程。

众　包

另一个值得一提的技术是众包。记者可以公布一般性请求来获取事件
信息或破译数据，但在过去的几年里，他们一直在开发一种更为"形式
化"的方法，无论是要求民众将信息输入谷歌表格（Google Form），还是
像该领域的领先者ProPublica[①]一样开发应用程序。ProPublica已经能够让
成千上万的人参与新闻报道生产，无论是退伍军人、经济困难的房主，还
是其他许多可以帮助提供新闻报道线索或个人故事的团体。在最近的一项
工作中，ProPublica开发了一个应用程序来监控脸书的广告，包括这些广
告是否带有政治性。

真实性和准确性

在整本书中，我们强调报道尽可能准确并保持怀疑态度。在社交媒体
领域，最重要的是确定何人、何事是真实的。我们已经提到一些事实检查
技巧和网站，并且它们会不断更新。持续检查这些网站能够帮助你了解最
新的伪造内容。

本章小结

· 非结构化数据是非表格信息，如文本、视频或音频。

---

① ProPublica成立于2007年，总部设在纽约市曼哈顿区，是一家非营利性公司，为
公众利益进行调查报道。——译者注

· 有些网站和工具可帮助将非结构化数据转换为结构化数据，以便更准确地进行分析。

· 社交媒体是对新闻采集很有价值的非结构化数据，数字工具可以帮助记者更好地搜索和分析社交媒体。

· 众包已经被证明是鼓励人们提供个人故事、新闻线索以及帮助进行数据分析的有效方式。

· 由于信息和数据量很大，非结构化数据的可视化是必要的。

· 必须确认社交媒体上内容的真实性以及所传达的信息。

推荐练习

1. 挑选一位公众人物或公职人员，列出一份社交媒体网站的名单以检查该人物。

2. 使用社交媒体中的高级搜索工具。

3. 搜索社交媒体，保留一份有组织的调查结果和涉及公众人物或公职人员帖子的清单。看看社交媒体可能提供哪些其他资源，例如财产记录、犯罪记录和投票记录等。

4. 测试有助于定位和整理社交媒体的软件。

5. 提出三个可以利用众包的新闻报道话题。

58

第四章　电子表格（上）：记者需要掌握的基础数学

根据弗吉尼亚联邦大学（Virginia Commonwealth University, VCU）立法报告（Legislative Reporting）课程的计算机辅助研究，弗吉尼亚州议会成员收到了来自企业、特殊利益集团和说客价值超过 117700 美元的礼物。礼物之一是前往乔治亚州、得克萨斯州甚至加拿大的狩猎之旅，其中两位参议员在北极圈狩猎驯鹿，这是由弗吉尼亚州治安官协会（Virginia Sheriffs' Association）提供的。最慷慨的捐赠者是菲利普·莫里斯（Philip Morris），他为立法者提供了近 26000 美元的餐费、娱乐费、高尔夫设备和其他免费赠品。1 月，立法者提交了一份报告，列出他们收到的礼物。弗吉尼亚联邦大学的学生根据报告建立了数据库，确定了最大的礼物赠送者和接收者，并首次将数据库放到网上，以便公众进行搜索。

　　　　　　　　　　　　　——杰夫·索思（Jeff South），弗吉尼亚联邦大学

这则前记者、现任教授杰夫·索思在大学新闻报道课程中制作的新闻报道超越了专业记者的工作，并在弗吉尼亚州引起了广泛关注。它还展示了如何将信息输入电子表格进行分析，从而产出有影响力的新闻报道。他授课的班级收集了有关这些礼物的信息，在电子表格中输入了 1000 条左右记录，并做了简单的计算，找出给立法者送礼的人。由此制作的新闻报道使人们对立法者和那些讨好他们的人有了新的认识。

无论是为了找出政府的浪费和滥用模式，还是为了准备显示多年数据和趋势的信息图表，记者每天都在使用电子表格。对于开始进行计算机辅助报道的记者来说，使用电子表格是一种特别有吸引力的方法，因为将数

59

据转换成电子表格格式非常容易。如前所述，世界各地的许多政府机构特别是人口普查机构，通常会以电子表格的形式保存数据文件，以便快速地下载和分析。

正如弗吉尼亚联邦大学的学生所展示的那样，在没有电子数据的情况下，在电子表格中输入来自文档的数据同样容易（有关构建电子表格的更多信息，参见第九章）。例如，美国新奥尔良市的《皮卡尤恩时报》（*The Times-Picayune*）从内河船舶驾驶员的工作申请和简历中获取有关驾驶员的信息并输入电子表格，揭示驾驶员之间的裙带关系、教育缺乏以及犯罪背景。在另一个例子中，《今日美国》（*USA Today*）根据诉讼案件披露的信息制作了一份电子表格，展示移民受到虐待和近乎奴役待遇的情况。

对数字友好

尽管你经常会听到记者们说他们在上学时讨厌数学，而且依旧讨厌它，但他们经常在报道中使用数字。好吧，很多人讨厌坐飞机，但他们因为工作需求不得不坐飞机。这些人中没有多少人会成为飞行员，但他们知道飞机会把自己带到需要去往的目的地。同样的想法也适用于现代记者和电子表格。现代记者不必成为与数字打交道的数学家，但应该愿意在工作需要的时候使用电子表格。如果不使用电子表格，记者就需要花上几个小时用计算器来试图弄清楚一位政府官员是否雇用了他的亲信；与其他员工相比，今年他的亲信的加薪是否最多。

《纽约时报》的普利策奖获奖记者埃里克·利普顿在《哈特福德新闻报》工作时发现了使用电子表格的高效率。利普顿当时是一名年轻的记者，他正在研究一项针对城市雇员的慷慨的提前退休计划[①]。他尝试计算每

[①]　即美国 401（K）计划，也称为"现金或递延安排"计划，是美国企业的一种养老保险制度。——译者注

个人的养老金与退休时工资的比例。专家告诉他，这个数字应该是 67% 左右，但在该市的提前退休计划中，一些退休人员的养老金接近他们退休时的工资全额。

60

当利普顿正乏味地使用计算器做每一次比较时，他突然想起曾看到的一个电子表格演示，其中重复计算的完成速度要快得多。在得到一些帮助后，他将信息导入电子表格，并学会了如何计算。然后他为 100 多个其他条目复制了这项计算。这些计算成为头版新闻报道的起点。

利普顿发现电子表格可以避免不必要的重复，节省大量时间并提高计算的准确性。电子表格还可以快速计算出诸如谁收到的钱最多、谁获得的工资增加比例最高、谁搜捕的毒品最多或者哪个城市的房价涨幅最大等结果。让我们看看如何使用电子表格来检查工资增加情况。

你了解到今年某家机构的员工平均工资增加比例是 3%。同时，你还拥有一份去年和今年的政治任命及他们的工资清单（例子中的所有姓名均是虚构的）。图 4-1 显示了该市工资单上某位官员的部分亲信列表。

你可以看到每条信息都在一个称为"单元格"的方框内。

正如你在图 4-1 中所看到的，还有用字母标记的列和用数字标记的行。这是电子表格的关键概念，你在生活的其他方面也使用过这样的概念。

	A	B	C
1	Name	Last year	This year
2	Dee Dale	$ 45,000	$ 52,000
3	Ed Powell	$ 25,000	$ 30,000
4	Jane Deed	$ 14,000	$ 19,000
5	Joe Smith	$ 30,000	$ 39,000
6	Julia Jones	$ 50,000	$ 58,000
7	Mark Forest	$ 15,000	$ 21,000
8	Mary Hill	$ 22,000	$ 29,000
9	Tom Brown	$ 40,000	$ 47,000

图 4-1　某位官员的部分亲信工资表

学习有关地址的知识 [①]

道路地图的复制品中通常有一个索引。假设索引指向第 7 页，城镇的位置标示为 D4。地图呈格子状排列，顶部是字母，两侧是数字。你向下查看 D 列，然后查看第 4 行。如果你会下国际象棋，则用相同类型的格子来跟踪棋子的移动。

电子表格将你的信息视为地图或网格的一部分。因此，在图 4-1 中，电子表格不仅将工资视为 25000 美元，还将其视为 "B3" [②] 单元格。那么，回到加薪问题。

看 "迪伊·戴尔"（Dee Dale）那行，他的工资从 45000 美元增加到 52000 美元。他的工资增加了 7000 美元这一变化并不难看出，其他人的工资变化也不难计算。不过，如果这位政府官员有 100 名亲信，计算工作就会变得 "大伤脑筋"（可以这么说）。

保守的记者会用计算器分析加薪情况，他会用 C 列的信息减去 B 列的信息。虽然计算出有 10 个人或 20 个人的名单并不需要太长时间，但记者常常会得到一份有成百上千人的名单。在利普顿对养老金和工资的研究中，他有 100 多个研究对象，这就意味着传统的方法会使工作时间变得不那么愉快。

在这种情况下，电子表格就派上用场了。在电子表格中，你不会从 52000 美元中减去 45000 美元。你可以从单元格 C2 中减去单元格 B2。但你会把这个结果放在哪里？事实上，单元格 C2 旁边有个空白单元格，即 D2。那么，以下是在电子表格中的操作方法。

如图 4-2 所示，将光标移动到 D2 单元格，并单击鼠标，然后输入

---

① 本小节的图 4-5、图 4-8、图 4-10、图 4-11、图 4-13 至图 4-15、图 4-17、图 4-19、图 4-20、图 4-23 至图 4-25 由译者根据相关资料重新制作，为中文读者更清晰地展示信息。

② 原文为 "B2"，有误。——译者注

"=C2-B2"。每次都要先输入"="，以便电子表格知道即将输入公式（大小写无关紧要）。

	A	B	C	D
1	Name	Last year	This year	
2	Dee Dale	$ 45,000	$ 52,000	=c2-b2
3	Ed Powell	$ 25,000	$ 30,000	
4	Jane Deed	$ 14,000	$ 19,000	
5	Joe Smith	$ 30,000	$ 39,000	
6	Julia Jones	$ 50,000	$ 58,000	
7	Mark Forest	$ 15,000	$ 21,000	
8	Mary Hill	$ 22,000	$ 29,000	
9	Tom Brown	$ 40,000	$ 47,000	

图 4-2　在电子表格中输入公式

62

按下"回车键"，如图 4-3 所示，结果是 7000 美元。

你刚才所做的是创建一个并不复杂的公式，但一个公式就可以为你做简单的运算。

	A	B	C	D
1	Name	Last year	This year	
2	Dee Dale	$ 45,000	$ 52,000	$ 7,000
3	Ed Powell	$ 25,000	$ 30,000	
4	Jane Deed	$ 14,000	$ 19,000	
5	Joe Smith	$ 30,000	$ 39,000	
6	Julia Jones	$ 50,000	$ 58,000	
7	Mark Forest	$ 15,000	$ 21,000	
8	Mary Hill	$ 22,000	$ 29,000	
9	Tom Brown	$ 40,000	$ 47,000	

图 4-3　电子表格中公式的运算结果

现在你已准备好使用电子表格来节省时间了。你想为每个工资增加金额计算复制这个公式。复制公式不是要复制 7000 美元，而是复制公式"=C3-B3"。一种方法是将光标移回至 D2[①] 单元格，然后单击来突出显示

①　原文为"D3"，有误。——译者注

单元格。突出显示 D2 单元格后，将光标移动到 D2 的右下角，直到看到"窄十字"图标[1]，如图 4-4 所示。

	A	B	C	D
1	Name	Last year	This year	
2	Dee Dale	$ 45,000	$ 52,000	$ 7,000
3	Ed Powell	$ 25,000	$ 30,000	
4	Jane Deed	$ 14,000	$ 19,000	
5	Joe Smith	$ 30,000	$ 39,000	
6	Julia Jones	$ 50,000	$ 58,000	
7	Mark Forest	$ 15,000	$ 21,000	
8	Mary Hill	$ 22,000	$ 29,000	
9	Tom Brown	$ 40,000	$ 47,000	

图 4-4 公式右下角的"窄十字"图标

接下来，单击 D2 单元格上的"窄十字"图标，按住鼠标键[2]后将阴影拖到最后一行来定义要复制的区域。

现在松开鼠标键，你要的数字就全部出来了（如图 4-5 所示）。 63

D2		× ✓ fx	=C2-B2		
	A	B	C	D	E
1	Name	Last Year	This Year		
2	Dee Dale	$ 45,000	$ 52,000	$ 7,000	
3	Ed Powell	$ 25,000	$ 30,000	$ 5,000	
4	Jane Deed	$ 14,000	$ 19,000	$ 5,000	
5	Joe Smith	$ 30,000	$ 39,000	$ 9,000	
6	Julia Jones	$ 50,000	$ 58,000	$ 8,000	
7	Mark Forest	$ 15,000	$ 21,000	$ 6,000	
8	Mary Hill	$ 22,000	$ 29,000	$ 7,000	
9	Tom Brown	$ 40,000	$ 47,000	$ 7,000	
10					

图 4-5 复制公式

你刚才的操作是告诉电子表格对其余单元格执行与 D2 单元格相同的

---

[1] 即 Excel 填充柄。——译者注

[2] 若是 Windows 操作系统，则按住鼠标左键；若是 MAC 系统，则按住鼠标键。——译者注

操作。请注意，公式"=C2−B2"列在工作表上方，即数字上面的行中[①]，这样就能知道你复制了什么公式。

正如我们提到的，电子表格不会将 7000 美元复制到 D 列的每个单元格，它将复制从每行的 C 列中减去 B 列的公式。因此，它会从 C4 单元格中减去 B4 单元格，从 C5 单元格中减去 B5 单元格，依此类推。

复制公式后，请务必仔细查看该列（我们将在本章后面为新列添加标签）。如果你错误地复制了公式，那么错误将延续到你复制到的每一行。

如果没有空行的话，复制公式的另一种方法是看到"窄十字"图标后双击。双击"窄十字"图标，公式将被复制，数字也将被复制并显示，直到出现一个空白行。然后，你必须拖动"窄十字"图标穿过空白行来继续复制。

计算百分比

让我们继续分析加薪情况。当你查看工资增加金额的时候，最高的增长金额不一定是最重要的。毕竟，从 5000 美元增加到 60000 美元的影响与从 5000 美元增加到 30000 美元的影响不同。通常，你想知道谁获得的工资增幅最高。这就带来了困扰许多记者的问题，即百分比差异。

如果将百分比差异分解为各个组成部分，那么计算百分比差异是很简单的。如果某位官员亲信的工资从 45000 美元增加到 52000 美元，差额是7000 美元。这意味着你需要将 7000 美元（增加金额）除以 45000 美元（原始工资），即 7000/45000。结果等于 0.155，也就是 15.5%。

如果用语言论述而不是直接计算，那就是"从第 2 列中减去第 1 列，然后将结果除以第 1 列"。在本案例中，就是用 52000 美元减去 45000 美

---

① 即 Excel 的编辑栏。——译者注

元，7000 美元再除以 45000 美元。另一种记忆方式就是记者所称的"新旧旧"（New, Old, Old, NOO），即（新－旧）/ 旧。这在电子表格中会如何呈现？回到你的电子表格，然后找到工资差额 7000 美元，这个结果在 D2[①] 单元格中。"旧"的工资在哪里？在 B2 单元格中。因此，公式是 D2/B2，如图 4-6 所示。

	A	B	C	D	E
1	Name	Last year	This year	Raise	
2	Dee Dale	$　45,000	$　52,000	$　7,000	=D2/B2
3	Ed Powell	$　25,000	$　30,000	$　5,000	
4	Jane Deed	$　14,000	$　19,000	$　5,000	
5	Joe Smith	$　30,000	$　39,000	$　9,000	
6	Julia Jones	$　50,000	$　58,000	$　8,000	
7	Mark Forest	$　15,000	$　21,000	$　6,000	
8	Mary Hill	$　22,000	$　29,000	$　7,000	
9	Tom Brown	$　40,000	$　47,000	$　7,000	
10					

图 4-6　计算工资增加百分比的公式

再一次，在单元格 E2 中先输入等号，提示电子表格将输入公式，再输入"D2/B2"，然后点击"回车键"，结果如图 4-7 所示。

=D2/B2

	A	B	C	D	E
1	Name	Last year	This year	Raise	
2	Dee Dale	$　45,000	$　52,000	$　7,000	0.1555556
3	Ed Powell	$　25,000	$　30,000	$　5,000	
4	Jane Deed	$　14,000	$　19,000	$　5,000	
5	Joe Smith	$　30,000	$　39,000	$　9,000	
6	Julia Jones	$　50,000	$　58,000	$　8,000	
7	Mark Forest	$　15,000	$　21,000	$　6,000	
8	Mary Hill	$　22,000	$　29,000	$　7,000	
9	Tom Brown	$　40,000	$　47,000	$　7,000	

图 4-7　计算工资增加百分比的结果

65

同样，为了节省时间，拖动"窄十字"图标复制公式，结果如图 4-8 所示。

---

① 原文为"D3"，有误。——译者注

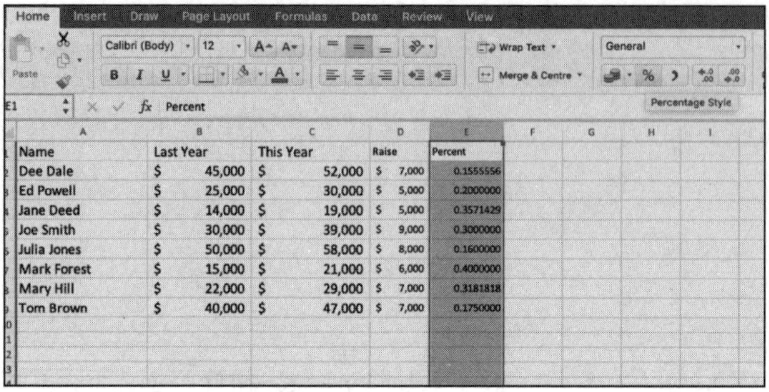

图 4-8　复制工资增加百分比计算公式

但是，小数点右边的数字太多了，看起来很混乱。你永远不会以这种方式发布百分比，因此你可以使用电子表格中的快捷图标。单击顶行上方的字母 E，你可以选中该列，然后将光标移动到功能区的 % 图标并单击。（此时，可以分别为工资增加金额列和百分比列输入标签。）

将数字更改为百分比后，图 4-9 中的结果更易于阅读。

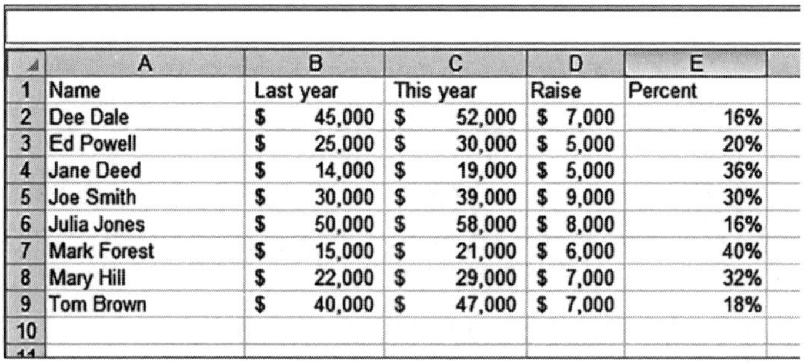

图 4-9　设置工资增加百分比的格式

垂直求和计算

通过比较行，你已经在电子表格的"二维世界"中进行了水平计算，但你还可以做垂直计算。对于这位官员亲信的新闻报道，你可能想知道他们的工资花了纳税人多少钱。为此，你想计算列中数字的总和。如图 4-10 所示，将光标移动到你想显示总数的单元格。你在 B11 单元格中输入"=SUM"，然后输入求和的单元格范围。在本案例中，数字从 B2 单元格开始，到 B9 单元格结束。所以你需要输入"=SUM(B2:B9)"，在开始位置和结束位置之间输入一个冒号。

图 4-10 垂直求和计算公式

你敲击"回车键"，总和结果如图 4-11 所示。

图 4-11 垂直求和计算结果

如图 4-12 所示，不需要在每列复制求和公式，而是像计算行的数据差额那样，拖动"窄十字"图标水平复制公式。记住不要拖动到百分比列，因为你不需要求和百分比。

图 4-12　复制垂直求和计算公式

松开鼠标按键，结果如图 4-13 所示。

图 4-13　复制垂直求和计算结果

你可能还想比较官员亲信工资的平均增长与所有员工工资的平均增长之间的差异。有两种方式来看待这个问题。为了比较官员亲信工资的平均增长百分比，不论工资多少，赋予每个员工同等的权重，你可以求 E 列百分比的平均值，得到 26%（我们将在本章的后面进行平均值计算）。

但是，如果你想计算支付给官员亲信的工资总金额增加的百分比，你还是要计算行的总金额差值及百分比差异。要做到这一点，你不能直接平均百分比。你可以从 C11 单元格中减去 B11 单元格来计算总数（C11 和 B11）的差额，相减的结果出现在 D11 单元格。然后，用 D11 单元格除以 B11 单元格，结果为 22%，官员亲信的工资增加总额是所有员工的 4 倍多，如图 4-14 所示。

E11			f_x	=D11/B11				
	A		B		C		D	E
1	Name		Last Year		This Year		Raise	Percent
2	Dee Dale	$	45,000	$	52,000	$	7,000	16%
3	Ed Powell	$	25,000	$	30,000	$	5,000	20%
4	Jane Deed	$	14,000	$	19,000	$	5,000	36%
5	Joe Smith	$	30,000	$	39,000	$	9,000	30%
6	Julia Jones	$	50,000	$	58,000	$	8,000	16%
7	Mark Forest	$	15,000	$	21,000	$	6,000	40%
8	Mary Hill	$	22,000	$	29,000	$	7,000	32%
9	Tom Brown	$	40,000	$	47,000	$	7,000	18%
10								
11	Total	$	241,000	$	295,000	$	54,000	22%
12								

图 4-14　计算工资总额增加的占比

比较部分与总和

你可能还想看看谁的工资增加份额最大。如果这是一个城市的预算，你可能想查看哪个部门获得了最大份额的预算。在这种情况下，你希望将个人工资增加金额与每个人的工资增加总额进行比较。因此，你需要比较 D2 和 D11 单元格、D3 和 D11 单元格，依此类推。

但是，电子表格在每次计算时都会向下移动一行。如果没有你到底要做什么的提示，电子表格将自动比较 D2 和 D11 单元格、D3 和 D12 单元格，这简直是荒唐。总而言之，我们需要"固定"D11 单元格。

幸运的是，电子表格为我们提供了一种简单的方法来实现这个目标。如图 4-15 所示，为了"固定"D11 单元格，需要在字母和数字前都放置一个美元符号，即"\$D\$11"。第一个美元符号固定了列，第二个美元符号固定了行。现在电子表格便知道了要将这一列的所有数字都与 D11 单元格比较。

69

图 4-15　"固定"D11 单元格

点击"回车键"，如图 4-16 所示，你将获得一个新的占工资增加总额的比重（请确保像以前一样将该列的格式设置为百分比）。

图 4-16　新的总数百分比

然后复制公式，结果如图 4-17 所示。

图 4-17　复制新的计算占总数比重的公式

从计算结果中你可以看到，乔·史密斯（Joe Smith）在工资增长总额中的占比最高，为17%。

结果排序

记者通常希望以某种特定的顺序分析和呈现信息。如果你使用的是一个大型电子表格，你不得不在数百个数字中查询最高的百分比。然而，电子表格可以快速地对信息进行排序。

这又给我们带来了另一个问题。对电子表格中的信息进行排序时，我们希望将每行的所有信息放在一起。事实是，电子表格可以让排序变得十分简单，记者可以迅速克服这个重要的障碍。许多旧版本的电子表格允许你对一列信息进行排序而无须移动其余的部分。而这意味着你的百分比会被一下子打乱，并与错误的（行）信息匹配。在较新的版本中，若在信息列之间放置空白列且忽略弹出的警告，你也会遇到相同的麻烦。

因此，在排序之前，你必须选择要排序的整个区域。所有适用的行和列的数字都会突出显示。如图4-18所示，选择整个（要排序的）区域。 71

	A	B	C	D	E	F
	Name	Last year	This year	Raise	Percent	Percent of Total
1	Name	Last year	This year	Raise	Percent	Percent of Total
2	Dee Dale	$ 45,000	$ 52,000	$ 7,000	16%	13%
3	Ed Powell	$ 25,000	$ 30,000	$ 5,000	20%	9%
4	Jane Deed	$ 14,000	$ 19,000	$ 5,000	36%	9%
5	Joe Smith	$ 30,000	$ 39,000	$ 9,000	30%	17%
6	Julia Jones	$ 50,000	$ 58,000	$ 8,000	16%	15%
7	Mark Forest	$ 15,000	$ 21,000	$ 6,000	40%	11%
8	Mary Hill	$ 22,000	$ 29,000	$ 7,000	32%	13%
9	Tom Brown	$ 40,000	$ 47,000	$ 7,000	18%	13%
10						
11	Total	$ 241,000	$ 295,000	$ 54,000	22%	
12						

图4-18　突出显示要排序的整个区域

然后，你要在功能区的"数据"（Data）下找到"排序"（Sort）命令（见图4-19）。

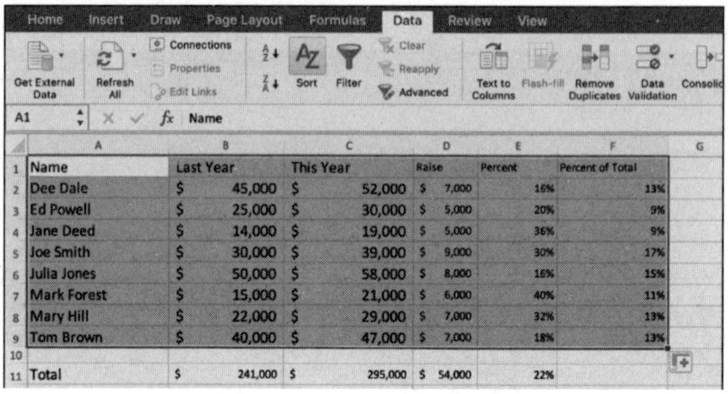

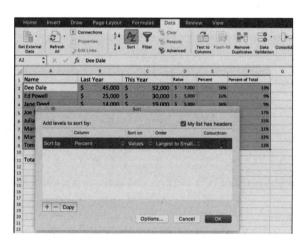

图 4-19　"排序"命令

单击"排序"命令会出现下一个界面，你可以选择按哪个列排序以及按什么顺序排列。从低到高称为"升序"，从高到低称为"降序"。你也会在其他程序（如数据库管理器）中遇到这些术语。如图 4-20 所示，先选择"百分比"（Percent）列[①]，再选择"从大到小"（largest to smallest），这意味着将按降序排列。注意右上角的一个小框，上面写着"列表包含标题"（My list has headers）[②]，这意味着排序时将考虑是否包含每列的标签。

72

图 4-20　设置排序依据

① 原文为"Raise"列，有误。——译者注
② 原文为"My data has headers"有误。——译者注

现在点击"确定"（OK）按钮。在图 4-21 中，你看到马克·福雷斯特（Mark Forest）获得了最高比例 40% 的加薪。

Mark Forest						
	A	B	C	D	E	F	G
1	Name	Last year	This year	Raise	Percent	Percent of Total	
2	Mark Forest	$ 15,000	$ 21,000	$ 6,000	40%	11%	
3	Jane Deed	$ 14,000	$ 19,000	$ 5,000	36%	9%	
4	Mary Hill	$ 22,000	$ 29,000	$ 7,000	32%	13%	
5	Joe Smith	$ 30,000	$ 39,000	$ 9,000	30%	17%	
6	Ed Powell	$ 25,000	$ 30,000	$ 5,000	20%	9%	
7	Tom Brown	$ 40,000	$ 47,000	$ 7,000	18%	13%	
8	Julia Jones	$ 50,000	$ 58,000	$ 8,000	16%	15%	
9	Dee Dale	$ 45,000	$ 52,000	$ 7,000	16%	13%	
10							
11	Total	$ 241,000	$ 295,000	$ 54,000	22%		
12							

图 4-21　排序结果

此时，你的初步工作已经完成，是时候开始计划对官员、亲信和其他正式雇员进行采访了。同时，你应该开始规划图表和照片来搭配你的新闻报道。

73

使用平均值和中位数来提高精确度

处理数字时，你应该知道概括一组数字的 3 种最常见的方法，即平均数（mean）、中位数（median）和众数 (mode)。平均数就是通常所说的平均值（average）。中位数被定义为中间值，即一半数字高于中间值，一半数字低于中间值（如果出现数据的个数是偶数的情况，会变得有点棘手，但电子表格可以帮你计算出来）。众数是最常出现的值。

另一位数据新闻学先驱尼尔·博罗夫斯基（Neill Borowski）曾在《费城问询报》实践和教授数据分析，他在一次全国性会议上举了一个很好的例子。他说，棒球运动员的工资激怒了球迷，因为球迷总是听说他们的平均工资是 120 万美元。但实际上工资的中位数是 500000 美元，至于工资的众数或者说最常见的工资是 109000 美元。

　　这些数字表明，有少数运动员赚了很多钱。而运动员工资的中位数是500000美元，即有一半运动员的工资高于500000美元，另一半运动员的工资低于500000美元。如果你问所有棒球运动员的工资中出现次数最多的数值（众数，而不是大多数），则为109000美元（好吧，尽管工资还是很多，但没有你想象的那么多，相当于普通人在10年或更短的时间里赚到的大部分钱）。

　　记者希望尽可能公平、准确地描述数字，这3种看待数字的方式可以做到这一点。如果记者获得了一组工资、房价或考试分数，需要考虑什么是最公平的描述。如果这些数字相对接近，那么用平均数（或平均值）来概括是合理的方式。但如果数字是分散的，记者不希望几个坏苹果或者几个好苹果①歪曲对数据的概括，所以使用中位数更合适。

　　让我们继续体育这个话题，看看职业篮球队的薪水（在本例中，你可以为任何国家或地区的任何运动项目选择任何一位超级明星）。图4-22显示了球员在第一季度每场比赛的收入（数额是虚构的）。

	A	B	C
1	The Team		
2	Player	Salary	
3	Player A	70000	
4	Superstar	60000	
5	Player B	40000	
6	Player C	30000	
7	Player D	50000	
8			

图4-22　球员第一季度每场比赛的收入

　　首先，我们将得到他们的平均收入。在单元格B8中输入公式"=AVERAGE（B3:B7）"，如图4-23所示，然后点击"回车键"，得到一个平均值。

_____

　　① 在一组分散的数据中，"好苹果"和"坏苹果"表示特别分散的某些数字，如特别大或特别小的数字。——译者注

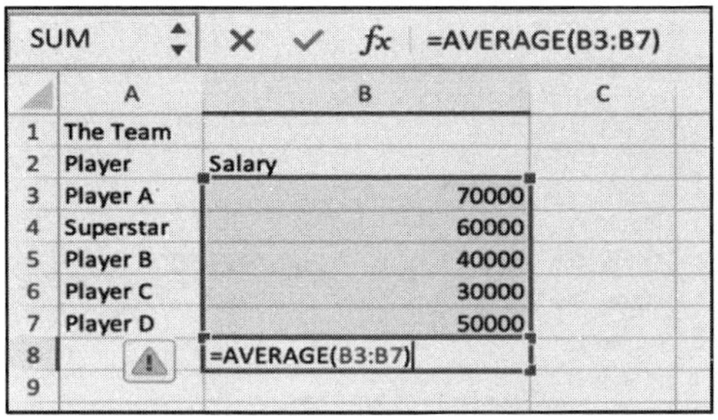

图 4-23　计算球员的平均收入

你将看到你会得到 50000。下一步，我们将计算他们收入的中位数。你可以在单元格 B9 中输入公式"=MEDIAN（B3:B7）来获得中位数，如图 4-24 所示。

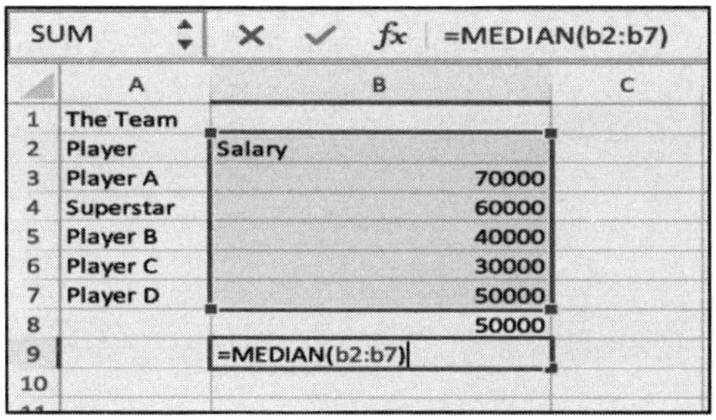

图 4-24　计算球员收入的中位数

你将再次得到 50000，此时，平均值和中位数之间没有区别，因为有两份工资高于中位数 50000 美元，两份工资低于 50000 美元。现在，我们检查一下数据，才意识到一位超级巨星的工资遗漏了一个 0。如图 4-25 所示，我们将他的 60000 美元工资替换为 600000 美元。

请注意，公式立即更改了平均值结果。中位数没有改变是因为仍有两份工资高于 50000 美元，两份工资低于 50000 美元。这是一个极端的例子，但你可以看到中位数更公平地代表了球员的收入，因为只有超级巨星的每个季度收入达到 6 位数。

B8 =AVERAGE(B3:B7)

	A	B	C
1	The Team		
2	Player	Salary	
3	Player A	70000	
4	Superstar	600000	
5	Player B	40000	
6	Player C	30000	
7	Player D	50000	
8	AVERAGE	158000	
9	MEDIAN	50000	
10			

图 4–25 修改后的工资平均数

解释异常值

在这个例子中，超级巨星的收入会被视为异常值（outlier）。用社会研究的术语来说，异常值是一个处于边缘的数字，要么在图表顶部，要么在图表底部。

测量值（如平均值和中位数）可以帮助你快速识别异常值。可以说，这位超级巨星或一位公司首席执行官赚的钱是工资中位数的 10 倍以上。

但是，通常情况下，如果你仔细检查几个数据库，你就会以合理的怀疑态度来看待异常值。异常值往往好得令人难以置信。异常值常常是数据输入错误的产物，稍后将进行检查。通常令人失望的是，有人错误地加了一个 0，比如说，工资实际上是 60000 美元。

此外，社会科学家建议你仔细观察异常值并尽可能丢弃它们，特别是如果你希望使用平均值，但这并不意味着你不能将异常值带回后重复计算。你可能会查看美国人口普查数据，并注意到某个县的数字非同寻常。因此，首先在第一次分析中检查除了那个不寻常的县之外所有县的数据；然后，把所有县的数据放在一起来检查那个县的数据有多么失真。

平均值也会隐藏重要信息。《圣何塞水星新闻报》（*San Jose Mercury*

News）发布过一则经典的报道，记者从圣何塞市获得了一份包括警报时间和消防车到达火灾现场时间的电子文件。消防部门声称，他们的平均反应时间是 4.5 分钟，比他们所允许的到达任何火场的最长时间少了半分钟。

　　记者贝蒂·巴纳克（Betty Barnacle）和克里斯·施米特（Chris Schmitt）发现消防部门的平均值并没有错。但数字显示在 1/4 的报警电话中，消防部门的到达时间超过了 5 分钟的最大响应时间，这一点消防部门没有说明。通过分析，施米特认为这个信息不仅与孤立事件有关，而且显示出一系列问题。　76

本章小结

· 电子表格可以帮助你更快、更轻松地进行计算。

· 电子表格使用字母标识列、使用数字标识行。

· 电子表格可以使用列字母和行数字创建公式来进行计算。

· 当你要比较计算的各个部分与总和时，不要忘记"固定"总和。

· 百分比差异通常提供比数字的实际变化更公平的比较。

· 排序时，请确保突出显示要排序的整个数字范围。

· 考虑使用最佳数字，如平均数或中位数。不要忘记任何异常值对计算的影响。

计算机辅助报道的应用

　　当《哈特福德新闻报》的法庭记者杰克·尤因（Jack Ewing）和我研究康涅狄格州的刑事被告人保释金中的种族差异时，我们研究了黑人、西班牙裔和白人的平均保释金。不过，根据一些优秀社会科学研究人员的建议，我们将保释金数据限制在 0 以上且不超过 10 万美元（我们去掉了 0，因为这意味着此人不需要任何保释金。我们将保释金数据控制在 10 万美元及以下，因为一些超过 10 万美元的金额可能会歪曲结果）。我们发现，犯同样重罪的黑人和西班牙裔男性需要交纳的平均保释金要高得多，几乎是白人的两倍。然后，我们回去查看异常值。结果发现，在一家法院，黑人需要交纳的保释金数额高得非同寻常。事实上，因毒品受到指控的黑人需要交纳的保释金比一些因毒品或谋杀受到指控的白人需要交纳的保释金要高出 100 万美元。

77　　　　后来，纽黑文（New Haven）市的一名法官承认，他向那些被控犯有毒品罪的人要求高额保释金，因为他认为被告被定罪后，在监狱里的时间不够长。因此，他的解决办法是把假定无罪的人关起来。不幸的是，法官自己也感到沮丧，因为当他让嫌疑人在监狱等待审判时，监狱人满为患，而这会导致那些被判有罪和服刑的人提前获释。然而，他不知道自己也在制造种族差异。

　　我们再一次了解到数字和数学不仅能提供新闻报道背景，还能使我们更靠近一个好的新闻报道。使用电子表格做一些计算可以找到模式，从而进行更好的比较，并发现不寻常的地方。

推荐练习

　　1. 向当地政府或地区索要一份包含姓名和工资的电子表格。

　　2. 获取部分政府预算的电子表格。确保你得到的是两年的数值。

　　3. 将数据放入一个 Microsoft Excel 工作表。

　　4. 在工资数据集中对工资进行降序排列。在政府预算的数据集中对每行预算金额进行降序排列。

　　5. 计算每年预算的差额，计算百分比差异。

　　6. 计算工资的总和、平均数和中位数。

78　　7. 找出哪个部门获得了最高比例的预算。

第五章 电子表格（下）：掌握更多数学知识很重要

我们决定获取一份拖欠税款的人的名单，进行分析后，以人们能够理解的格式公布……前十大房地产债务人合计欠款超过640万美元，但纽约市不太可能很快收回其中任何一笔。

——康涅狄格州沃特伯里市《共和党美国人报》（ *The Waterbury Republican American* ）[①]

简单地将两列相加即可显示竞选的支出和收入……总的来说，我们发现，至少1万美元的资金下落不明，还有几笔资金的使用违反了州选举法。

——新泽西《信使邮报》（ *Courier-Post* ）

简而言之，比例研究能够比较评估值与房产出售的实际价格…我们采访了一位县督察，他承认，评估员私下里抱怨了有这么多错误……这太不可思议了。

——宾夕法尼亚州《匹兹堡论坛报》（ *Pittsburgh Tribune-Review* ）

近年来，记者已经超越了自身掌握的基础数学，还开始利用数据管理来披露新闻报道。他们计算比率和比例，筛选和重新配置数据以使其更有意义，能使用图表进行数据可视化。大多数情况下，记者使用电子表格软

[①] 《共和党美国人报》是美国一个家族拥有的报纸，总部位于康涅狄格州沃特伯里草甸街389。报纸是由 *Waterbury American* 和 *Waterbury Republican* 合并而来。——译者注

件来完成这些操作。

　　记者也使用统计软件，如 SPSS、SAS 或 R（也称为 GNU S），并应用数据库分析先驱和《精确新闻报道》的作者菲利普·迈耶所倡导的社会研究方法。

　　在上一章中，我们介绍了记者需要了解的基本数学知识，以及电子表格如何使计算更快、更容易。本章将扩展基本的数学和统计技能，以完成更好的新闻工作。

比　率

　　普利策奖的获奖记者、前政府统计专家萨拉·科恩说："比率被用来平衡竞争环境。"

　　比率可以让你做更公平且准确的比较，就像计算中位数或百分比差异一样。仅仅比较原始数据就可能错误和不公平地扭曲疾病、交通事故和犯罪等话题上的差异。每天只有 100 辆汽车通过的十字路口发生 10 起交通事故，与每天通过 10000 辆汽车的十字路口发生 10 起交通事故的影响大不相同。因此，现在记者在许多话题上计算比率，如交通事故、税收、死亡、贷款、逮捕和疾病。让我们以犯罪数据为例。

　　如果你查看几年前美国人口超过 25 万人的城市的谋杀犯罪统计数据，芝加哥以 500 起谋杀案居首，纽约以 419 起紧随其后，这可能不会让你感到惊讶（见图 5-1）。毕竟，芝加哥和纽约都是人口众多的城市。

　　但这些数字真的能告诉你芝加哥和其他城市相比有多危险吗？它能告诉你在芝加哥被谋杀的相对概率比其他城市更大吗？不见得。一种更好的理解方法是使用人均数字或比率。现在，既然你知道了公式，就知道在电子表格中进行计算是多么容易了。

　　在图 5-2 中，将每个城市的谋杀案数量（C2 单元格为芝加哥的数据）除以每个城市的人口（如 B2 单元格），你会得到一个人均数字。然而，图中显示的所有小数将很难被读者或观众理解。

图 5-1 美国城市谋杀犯罪统计数据   80

图 5-2 芝加哥的人均谋杀案比率

为了更容易理解，你需要将小数点向右移动。你可以把人均数字乘以
100000，得到每十万人的比率。乘数通常能判断什么是有意义的，例如人
口规模、谋杀案发生次数与人口的关系（见图 5-3）。

图 5-3 芝加哥每十万人谋杀案比率计算公式   81

然后，乘 100000，如图 5-4 所示，得到 18.46121。

	A	B	C	D
1	City	Population	Murders	
2	Chicago	2,708,382	500	18.46121
3	New York	8,289,415	419	
4	Detroit	707,096	386	
5	Philadelphia	1,538,957	331	
6	Los Angeles	3,855,122	299	
7	Baltimore	625,474	218	
8	Houston	2,177,273	217	
9	New Orleans	362,874	193	
10	Dallas	1,241,549	154	

图 5-4　芝加哥每十万人谋杀案比率结果

输入公式后，拖动"窄十字"图标复制，获得每个城市的数值。（一个有用的提示是你也可以单击功能区中的"，"图标，将小数减少到只有两位。该图标会在功能区自动显示，如图 5-5 所示。）

图 5-5　获得每个城市的数值

如图 5-6 所示，现在对"每十万人"（Per 100,000）列信息进行降序排列。（不要忘记选择整个数据区域，以免其他列的顺序不小心打乱。）

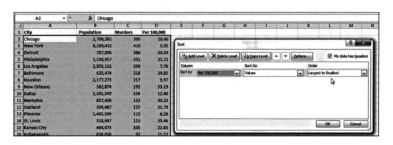

图 5-6　"每十万人"列的降序排列

在图 5-7a 和图 5-7b 中，你会发现，底特律每十万人的谋杀案比率最高，为 54.59 起，芝加哥是 18.46 起（排在第 13 位），纽约为 5.05 起（排在第 54 位）。与其他城市做对比，让你对底特律发生谋杀案的可能性有所了解。当然，你需要做进一步分析，看看城市的哪些地方发生了谋杀案。

	D2	f_x	=C2/B2*100000	
	A	B	C	D
1	City	Population	Murders	Per 100,000
2	Detroit	707,096	386	54.59
3	New Orleans	362,874	193	53.19
4	St. Louis	318,667	113	35.46
5	Baltimore	625,474	218	34.85
6	Newark	278,906	96	34.42
7	Oakland	399,487	127	31.79
8	Stockton	299,105	71	23.74
9	Kansas City	464,073	105	22.63
10	Philadelphia	1,538,957	331	21.51
11	Cleveland	393,781	84	21.33
12	Memphis	657,436	133	20.23
13	Atlanta	437,041	83	18.99
14	Chicago	2,708,382	500	18.46
15	Buffalo	262,434	48	18.29

图 5-7a　按城市降序排列（前 15 行）

50	Wichita	386,409	23	5.95
51	Fort Worth	770,101	44	5.71
52	Las Vegas Metropolitan Po	1,479,393	76	5.14
53	Corpus Christi	312,565	16	5.12
54	Riverside	313,532	16	5.10
55	New York	8,289,415	419	5.05

图 5-7b　按城市降序排列（后 6 行）

排　名

有了这样组织的工作表，你可能想给城市排名。也就是说，根据你之前得出的数据将城市从高到低排列。为此，你首先需要选中 A 列，然后单击右键，在显示的菜单中选择"插入"（Insert）选项，然后创建一个新列，如图 5-8 所示。

83

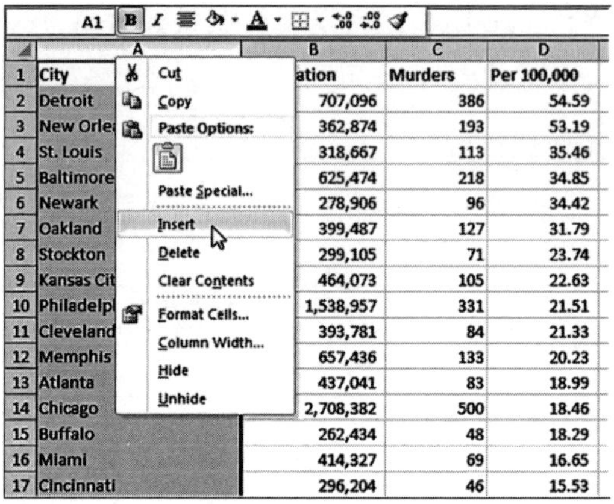

84

图 5-8　创建一个新列

单击"插入"选项，你会在"城市"（City）列的左侧得到一个新列，如图 5-9，接着你可以输入列标题"排名"（Rank）。

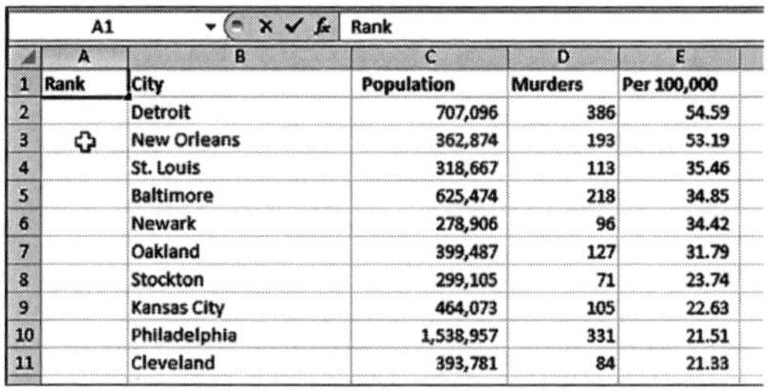

图 5-9　输入列标题"排名"

现在，在 A2 和 A3 单元格中分别输入 1 和 2，如图 5-10 所示。

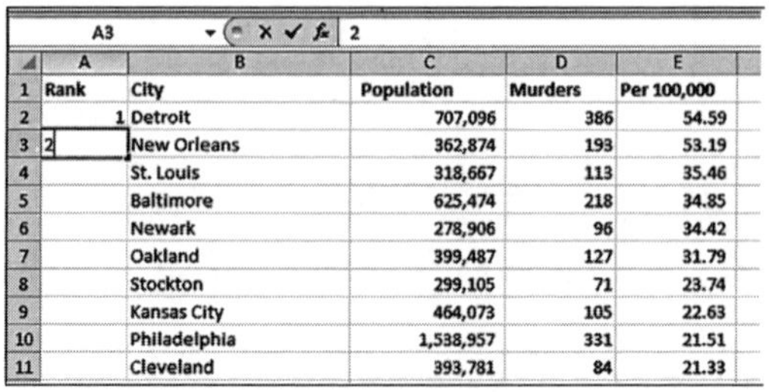

图 5-10　在单元格中输入数字

选中 A2 和 A3 单元格，然后将光标放在 A3 单元格的右下角，如图
5-11 所示，你就会看到一个"窄十字"图标。

	A	B	C	D	E
	A2	▾	fx	1	
1	Rank	City	Population	Murders	Per 100,000
2	1	Detroit	707,096	386	54.59
3	2	New Orleans	362,874	193	53.19
4		St. Louis	318,667	113	35.46
5		Baltimore	625,474	218	34.85
6		Newark	278,906	96	34.42
7		Oakland	399,487	127	31.79
8		Stockton	299,105	71	23.74
9		Kansas City	464,073	105	22.63
10		Philadelphia	1,538,957	331	21.51
11		Cleveland	393,781	84	21.33

图 5-11　选中 A2 和 A3 单元格

双击"窄十字"图标，你将获得每个城市的排名，如图 5-12 所示。
这样，你就可以向读者或观众提供他们居住的城市与其他城市在谋杀案方
面的排名。

	A	B	C	D	E
1	Rank	City	Population	Murders	Per 100,000
2	1	Detroit	707,096	386	54.59
3	2	New Orleans	362,874	193	53.19
4	3	St. Louis	318,667	113	35.46
5	4	Baltimore	625,474	218	34.85
6	5	Newark	278,906	96	34.42
7	6	Oakland	399,487	127	31.79
8	7	Stockton	299,105	71	23.74
9	8	Kansas City	464,073	105	22.63
10	9	Philadelphia	1,538,957	331	21.51
11	10	Cleveland	393,781	84	21.33

图 5-12　获得每个城市的排名

筛　选

计算出所有城市比率并进行排名后，你可能只想比较最大的城市。无
须新建工作表，使用电子表格的筛选功能即可。也就是说，你可以根据条
件筛选所需的数据，就像使用谷歌高级搜索一样。

单击功能区的"数据"（Data）选项卡，就像你对数据排序时所做的那样。如图 5-13 所示，这次选择"筛选"（Filter）图标并单击。（单击"筛选"图标时，必须在工作表中选中至少一个单元格。）

86

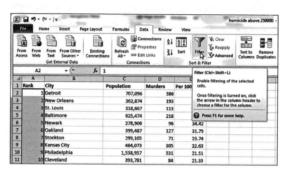

图 5-13 "筛选"图标

单击"筛选"图标，你就为每列创建了列下拉箭头。单击箭头，然后单击"数字筛选"（Number Filters）选项卡并选择"筛选"工作表的方式，例如"大于或等于"（greater than or equal to），如图 5-14 所示。

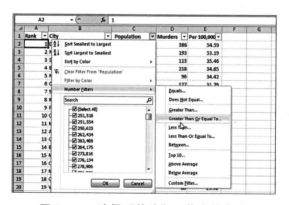

87

图 5-14 选择"筛选"工作表的方式

如图 5-15 所示，单击"大于或等于"，将出现一个用于输入数字条件的对话框①。

---

① 即中文版 Microsoft Excel 的"自定义自动筛选方式"对话框。——译者注

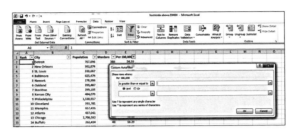

图 5-15　输入数字条件的对话框

如图 5-16 所示，现在，输入 1000000（请注意，此框使用布尔逻辑，即 and、or、not，在第二章中曾提到，这样你可以使用更具体的条件）。这种基于条件的信息筛选将在第六章"数据库管理器"中再次讨论。在数据库软件中，筛选被称为"选择条件"，或者使用"where"子句进行筛选。

图 5-16　在对话框中输入条件

单击"确定"（OK）按钮。现在，你将获得一组更小的数据集，用于比较人口超过 10 万人的城市。请注意，如图 5-17 所示，芝加哥现在排在第 2 位，纽约排在第 9 位。

	A	B	C	D	E
1	Rank	City	Population	Murders	Per 100,000
10	9	Philadelphia	1,538,957	331	21.51
14	13	Chicago	2,708,382	500	18.46
24	23	Dallas	1,241,549	154	12.40
31	30	Houston	2,177,273	217	9.97
39	38	Phoenix	1,485,509	123	8.28
41	40	Los Angeles	3,855,122	299	7.76
47	46	San Antonio	1,380,123	89	6.45
52	51	Las Vegas Metropolitan Po	1,479,393	76	5.14
55	54	New York	8,289,415	419	5.05
68	67	San Diego	1,338,477	47	3.51

图 5-17　人口超过 10 万人的城市排名

比 例

比例是另一种简单但强大的计算方法，可以让比较更易于理解。例如，比例可以提供一个数字来反映事故发生、患病或获得资助的机会的差异。

调查住房抵押贷款的记者使用比例来说明银行向白人和少数族裔提供贷款的差异。如果 30% 的黑人贷款申请者被拒绝，而只有 10% 的白人贷款申请者被拒绝，那么比例就派上用场了。

让我们在电子表格中计算比例。如图 5-18 所示，在 A2 单元格中输入"黑人"（Black），在 B2 单元格中输入"白人"（White），在 C2 单元格中输入"比例"（Ratio）。在 A3 和 B3 单元格中分别输入"30"和"10"。在 C3 单元格中输入"=A3/B3"，然后单击回车键，得到的比例为 3 : 1。

现在，你可以更简单地传达差异，被拒绝贷款的黑人人数是白人的 3 倍。

C3				f_x	=A3/B3
	A	B	C	D	E
1	Ratios				
2	Black	White	Ratio		
3	30	10	3		
4					

图 5-18　计算黑人和白人被拒绝贷款的比例

89

或者，在另一个简化的示例中，你可以使用简短的样本数据集来查看保释金差异。在图 5-19 中，你有 9 个人的信息，他们都受到入室盗窃指控，在等待审判期间已经获得保释。他们都是首次犯罪且个人和经济背景非常相似。

	A	B	C	D
1	Bail	Black	White	Hispanic
2	Accused	40000	15000	42000
3	Accused	45000	20000	45000
4	Accused	50000	25000	42000
5				
6	Average	45000	20000	43000

图 5-19　保释金样本数据集

如果你计算每个种族的平均值，就会发现黑人和西班牙裔要交纳的保释金是白人的2倍多，如图5-20所示。

=D6/C6					
A	B	C	D	E	F
1 Bail	Black	White	Hispanic	Ratio - Black to White	Ratio = Hispanic to White
2 Accused	40000	15000	42000		
3 Accused	45000	20000	45000		
4 Accused	50000	25000	42000		
5					
6 Average	45000	20000	43000	2.25	2.15
7					

图 5-20　黑人和西班牙裔的保释金与白人的差异

数据透视表

我们已经使用"sum"函数对数字列求和，但通常我们还需要对数据进行汇总。我们的意思是，我们需要对数据集中每组数字进行小计。例如，你可能需要汇总一个部门下每个机构的员工工资总成本。

在另一个例子中，你可能会将20支球队中每支球队的25名球员工资加起来。这意味着你总共获得500行信息，并将其减少为20行的小计。

通常，在查看竞选资金记录时，记者希望计算出每位捐赠者给候选人的捐款额或者每位候选人获得的捐款额。请在电子表格中使用数据透视表（pivot table）来执行此操作，你可以在一次整体计算中得到所有小计。假设我们有一个政治捐赠者列表，如图5-21所示。

我们看到，我们有捐赠者的姓、名、中间名、邮政编码、籍贯、职业、捐赠日期、捐赠金额以及候选人ID（我们将在介绍数据库管理器的第六章和第七章充分利用候选人ID）。

我们可能想了解每个捐赠者如何向候选人捐款，每个职业分别捐赠了多少，或者来自每个邮政编码代表区域的捐款额。我们可以用数据透视表执行这些计算。要使用数据透视表，首先在功能区选择"插入"，然后单击"数据透视表"图标，如图5-22所示。

	A	B	C	D	E	F	G	H	I
1	LAST	REST	CITY	STATE	ZIP	OCCUPATION	CONT_DATE	AMOUNT	CAND_ID
2	GRUBB	KITTY	KNOXVILLE	TN	37920	ATTORNEY	10/5/2011	1000	H0TN02017
3	DUNCAN	RICHARD	KNOXVILLE	TN	37919	ATTORNEY	11/23/2011	200	H0TN02017
4	NORTON	FRANKLIN	KNOXVILLE	TN	37901	ATTORNEY	11/2/2011	200	H0TN02017
5	WHELCHEL	BARBARA	KNOXVILLE	TN	37922	HOUSEWIFE	9/28/2011	1000	H0TN02017
6	WHELCHEL	WARD	KNOXVILLE	TN	37939	ATTORNEY	9/28/2011	1000	H0TN02017
7	SHIPLEY	ROBERT	KNOXVILLE	TN	37917	MACHINIST	11/2/2011	200	H0TN02017
8	HARDING	SAMUEL Y	KNOXVILLE	TN	37919	CLOTHING DIST	9/15/2011	200	H0TN02017
9	FURROW	SAM	KNOXVILLE	TN	37901	FURROW AUCTION COMPANY	7/22/2011	500	H2GA08038
10	GENTRY	MACK A	KNOXVILLE	TN	37901	CENTRY AND TIPTON	8/23/2011	250	H2GA08038
11	CONLEY	WILLIAM M	KNOXVILLE	TN	37915	REGAL GROUP	2/25/2011	1000	H2TN03052
12	WARDLEY	J A	KNOXVILLE	TN	37922	SELF/NOVA INC	3/29/2011	1000	H2TN06014
13	MILLIGAN	JAMES	KNOXVILLE	TN	37902	ATTORNEY	8/5/2011	1000	H2TN07038
14	CONLEY	DEANE W	KNOXVILLE	TN	37915	HOMEMAKER	10/25/2011	1000	H2TN07038
15	BRASFIELD	TRAVIS	KNOXVILLE	TN	37912	RETIRED	6/7/2011	1000	H2TN07038
16	GRAVES	JOHN	KNOXVILLE	TN	37922	ATTORNEY	9/9/2011	500	H2TN07038
17	CONLEY	WILLIAM	KNOXVILLE	TN	37915	REGAL CORPORATION	9/22/2011	1000	H2TN07038
18	LOCKETT	CHARLES	KNOXVILLE	TN	37901	ATTORNEY	9/12/2011	250	H2TN07038
19	HOLLAND	TERRY	KNOXVILLE	TN	37923	ATTORNEY	9/9/2011	500	H2TN07038
20	CONLEY	WILLIAM	KNOXVILLE	TN	37915	REGAL CORPORATION	9/22/2011	1000	H2TN07038
21	WORTHINGTON	ROBERT F	KNOXVILLE	TN	37901	BAKER, WORTHINGTON, CROSSLEY, STAN	11/17/2011	500	H2TX00015
22	VIAR	C WILSON JR AND HELEN P	KNOXVILLE	TN	37923	ATTORNEY	11/12/2011	2000	H4MS01052
23	JUBRAN	RAJA	KNOXVILLE	TN	37921	DENARK-SMITH INC	11/16/2011	500	H4TN03033
24	ALDER	MIKE	KNOXVILLE	TN	37918		12/15/2011	250	H4TN03033
25	BRABSON	ALAN	KNOXVILLE	TN	37919	APPALACHIAN APPRAISALS	11/4/2011	500	H4TN03058

图 5-21　政治捐赠者列表

图 5-22　"数据透视表"图标

　　当你单击"数据透视表"图标时，要确保在工作表中选中了一个单元格，这样 Excel 将自动选择所有数据范围。在本例中应该是 $A$1 到 $G$542[①]，如图 5-23 所示。

　　单击"确定"按钮，下一个界面是数据透视表的模板，如图 5-24 所示。

---

　　①　542 行中包含 1 行列头和 541 行记录。——译者注

你可能需要花一两分钟来了解情况。在右侧，你可以看到上面的窗口中有列的名称，下面的窗口有进行计算的地方。在左侧，有一个可以"构建"数据透视表的区域（为便于说明，已将右侧和左侧移近。你也可以这样做）。

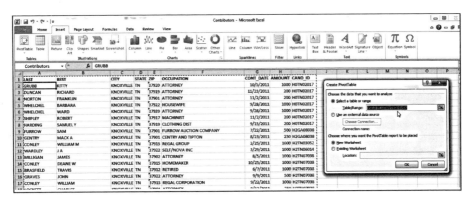

图5-23 确定数据透视表的数据范围

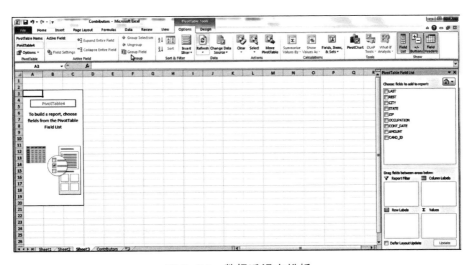

图5-24 数据透视表模板

计算第一个数据汇总，请单击右侧框中的"姓氏"（LAST）。你将注意到，"姓氏"出现在右侧框的"行"标签下。左侧是包含唯一姓氏[①]的列，如

---

① 即左侧无重复的姓氏。——译者注

图 5-25 所示。

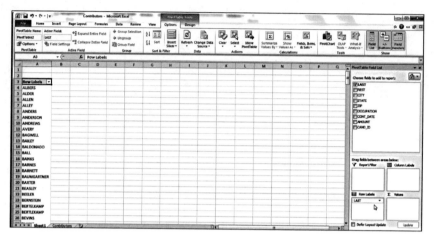

图 5-25　第一个数据汇总

　　滚动鼠标，你会看到 542 行已被压缩成 285 行，因为有些行的姓氏相
93 同。要查看姓氏相同的人的总数，你应该单击右侧上方窗口中的"数量"
（AMOUNT）。你将看到"求和项"（Sum of AMOUNT）列出现在右下
角的"值"（Values）框中。在左侧，有名为"求和项"的第二列，给出了
每个姓氏相同的人的总数（见图 5-26）。

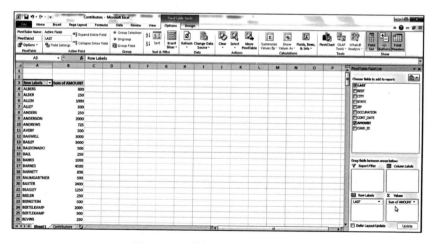

图 5-26　数据汇总的具体操作

要对"求和项"列进行排序，请选中第二列中的第一条记录，即 800，单击功能区的"数据"，然后单击"Z 到 A"（Z to A）图标，数据将从高到低进行排序（见图 5-27）。

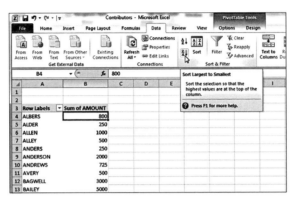

图 5-27　数据汇总的排序过程

94

单击"Z 到 A"图标，对数据进行排序，你将看到"HASLAM"及其最高总数"29500"上升到顶部。你也可以用功能区的"数据"选项卡执行更详细的排序来实现这一点（见图 5-28）。

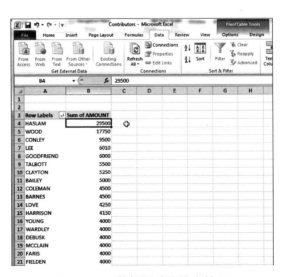

图 5-28　数据汇总的排序结果

如果你想计算捐款的笔数而不是金额，可以点击右下角的"求和项"，
然后点击"字段设置"（Value Field Settings），如图 5-29 所示。

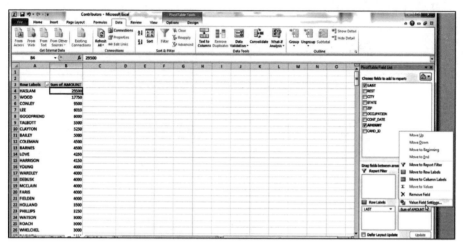

　　　　　　　　　　　　　　　　　图 5-29　字段设置

单击"字段设置"，你可以选择汇总方式。如图 5-30 所示，选择"计
数"（Count）。

图 5-30　选择汇总方式

　　点击"计数"，"求和项"列中的数据将变为捐款的笔数（见图5-31）。

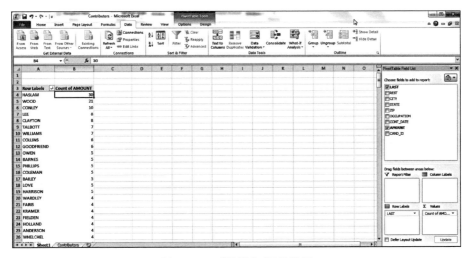

图5-31　"计数"汇总结果

　　如果你想要"金额总和"列和"捐赠计数"列，可以将"数量"拖到下面的框中，这样你就有两个"数量"列。第二列将默认为"求和项"，并在数据透视表中添加第三列，如图5-32所示。

96

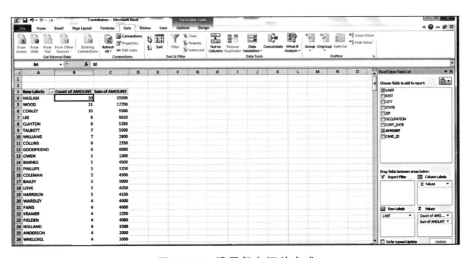

图5-32　设置复杂汇总方式

你可以使用数据透视表进行许多其他类型的分析，了解数据透视表的功能和潜力。

数据透视表也是使用数据库管理器软件的良好基础。使用每种工具，你可以对相似类型的信息进行"分组"并汇总数量。在以更简单的方式处理更多记录的数据库管理器中，这种方法称为"group by"函数。在数据库管理器中，对于前面的示例，你可以使用"group by"函数按"名字"（NAME）对金额进行分组"求和"计算。

图　表

最后一项活动可以使电子表格中的所有内容变得不同，即以图表方式直观地展示你的分析。通过可视化，你可以立即看到差异，而不必费力地进行行列和行计算。使用电子表格，你可以轻松地将信息放入条形图或饼图以及许多其他类型的图表。

使用上面讨论的数据，你可以绘制亲信数据集的图表，查看哪个雇员的工资增加占比最高，并在条形图中清楚地说明这些信息。

首先，选中"名字"列。然后，按住 Ctrl 键，将光标移动到"百分比变化"（Percentage Change[①]）列并高亮显示该列，然后单击功能区的"插入"。你将看到可以选择的不同类型条形图，如图 5-33 所示。

单击条形图并选择顶部的第一个。你将立即得到一个条形图，显示官员亲信的工资增加百分比差异（见图 5-34）。此外，这个条形图是可以放大、移动、复制和粘贴的（请注意，你可以将图表保存在工作表中）。

---

① 原文为"Percent (of raises)"，有误。——译者注

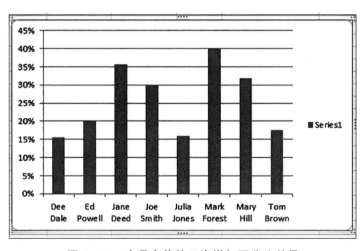

| | File | Home | Insert | Page Layout | Formulas | Data | Review | View | ArcG |

2	Name	Last year	This year	Raise	Percentage Change
3	Dee Dale	$ 45,000	$ 52,000	$ 7,000	16%
4	Ed Powell	$ 25,000	$ 30,000	$ 5,000	20%
5	Jane Deed	$ 14,000	$ 19,000	$ 5,000	36%
6	Joe Smith	$ 30,000	$ 39,000	$ 9,000	30%
7	Julia Jones	$ 50,000	$ 58,000	$ 8,000	16%
8	Mark Forest	$ 15,000	$ 21,000	$ 6,000	40%
9	Mary Hill	$ 22,000	$ 29,000	$ 7,000	32%
10	Tom Brown	$ 40,000	$ 47,000	$ 7,000	18%
11					
12	Total	$ 241,000	$ 295,000	$ 54,000	
13					

图 5-33　准备插入条形图

图 5-34　官员亲信的工资增加百分比差异

同样，你可以用条形图展示犯罪率的增长，也可以用饼图轻松地展示预算情况。有时候，这样做可以帮助你更清楚地看到工作结果。例如，某个城市的居民可能认为他们为下水道和供水服务支付了太多的费用。他们声称，商业企业使用更多的水，所以给下水道系统带来负担，但没有支付他们应付的份额。你可以获得该部门收入的预算数字，将其放在电子表格中，如图 5-35 所示。

Water and sewer division	Last year	This year	
Residential water fees	$ 13,235,122.00	$ 18,405,222.00	
Residential sewer fees	$ 6,544,344.00	$ 8,324,555.00	
Commercial water fees	$ 10,882,021.00	$ 11,504,302.00	
Commercial sewer fees	$ 4,343,123.00	$ 5,662,131.00	
Investment interest	$ 1,222,494.00	$ 1,445,214.00	

图 5-35 部门收入的预算数字

如图 5-36 所示，你可以在选择饼图后格式化饼图中的数字格式，显示金额及其占比，并明确居民能否合法投诉。

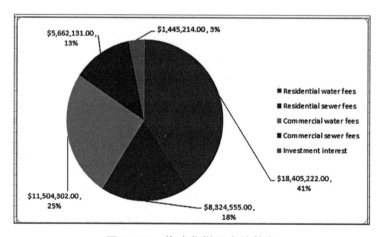

图 5-36 格式化饼图中的数字

如你所见，电子表格可以提供详细的分析、比较以及生动的图表，从而让人们更容易理解结果。在使用电子表格进行一些实践之后，你将准备好转向数据库管理器，它可以完成一些相同的分析，但速度更快，处理的记录也更多。最重要的是，它可以连接文件 [在数据库管理器中称为"表"（table）]，并且可以使用不同文件的列来创建新数据库。

本章小结

· 使用比率和比例是一种公平比较不同人群实体的方法。

· 你可以用电子表格筛选想要的信息来缩小分析范围。

· 数据透视表为你提供了按类别汇总信息的方法。

· 你能够使用图表清晰地对信息进行可视化并有效地展示你的发现。

计算机辅助报道的应用

在过去 10 年里，美国西弗吉尼亚州（West Virginia）的教育官员在大规模合并运动中关闭了 1/5 的学校。家长和反对者说，农村儿童被迫每天乘坐 4 小时或更长时间的校车。州政府官员却说，大多数儿童乘坐校车的时间很短。

我们首先问了一个简单的问题："西弗吉尼亚州的儿童乘车时间有多长？"当我们寻找电子记录时，我们发现 35 个农村县的大多数学区没有保存电子记录。因此，我们从各县获得了纸质记录，并在 Excel 中建立了数据库，其中包括校车的发车时间、到达时间以及在路上花费的时间。Excel 是合适的工具，因为我们要做时间差异的计算。

我们发现每天乘坐校车超过 2 小时的儿童人数增加了 1 倍。此外，我们还发现，2/3 载有小学生的校车路线超过了国家规定的儿童每天乘车时间不得超过 1 小时的条例。

100

州交通局长承诺将所有记录计算机化并自行研究。

——斯科特·法恩（Scott Fine）和埃里克·艾尔（Eric Eyre），《查尔斯顿新闻报》（*The Charleston Gazette*）

推荐练习

1.在美国联邦调查局网站上查找犯罪统计数据，下载全美按年份划分的犯罪信息并整合到一个工作表。

2.在 Excel 中打开文件，使用犯罪数量和人口数量计算暴力犯罪与财产犯罪的犯罪率。

3.确定每年财产犯罪与暴力犯罪的比例。

4.制作最近一年财产犯罪与暴力犯罪的饼图。

5.从美国响应政治中心（Center for Responsive Politics）①下载竞选资金信息。

101　　6.使用数据透视表说明哪一方获得的资金最多。

---

① 这是一个非营利组织，可以通过其网站（http://www.opensecrets.org/）追踪美国政治相关资金的去向。——译者注

第六章　数据库管理器（上）：搜索和汇总 [1]

我们想知道，俄亥俄州和全国的合法赌博业规模到底有多大？以及邻近州的赌场、多州联销彩票和其他形式的博彩对俄亥俄州有何影响？俄亥俄州彩票委员会提供了过去几年彩票销售商店的销售情况电子数据库。这让使用 Microsoft Access 按邮政编码分析销售情况变得相当容易。使用该数据库和其他统计数据，本报估算出俄亥俄州 99 亿美元的博彩收入中有很大一部分流向了邻近的州。

——巴尼特·D. 沃尔夫（Barnet D. Wolf），《哥伦布快报》

这则新闻报道涉及大型数据库和电子表格可以处理的许多种类的信息，但使用数据库管理器 Microsoft Access 进行分析更简单，也可以在 DB Browser for SQLite 中完成，因为更容易选择要处理的列并快速生成要分析的信息子集。

许多新闻工作者最初使用数据库管理器来分析竞选资金记录。这些记录是公开的并且涉及许多主题，因为竞选资金记录是一种追踪捐赠者在教育、健康、商业和环境等问题上的访问权限和影响的方式。（此外，在美国，这些数据保存在由 4 个表组成的关系数据库中，这些表由候选人和政治行动委员会的 ID 连接在一起。详见第七章。）

103

---

[1]　本章与 DB Browser for SQLite 相关的图片为译者截取制作（中文版 3.12.1），为读者更清晰地展示信息。——译者注

> **小贴士 6.1　数据库管理器的用途**
>
> 学习使用数据库管理器的总体价值在于：
>
> · 有效地检查数十万条记录；
>
> · 记者可以快速选择特定列和特定记录；
>
> · 按照相似性对记录进行分组，并对各组的数字进行汇总和计数；
>
> · 将一个表中的记录与另一个或其他多个表中的记录进行比较。记者使用数据库管理器来完成他们所称的数据的"繁重工作"，即搜索、汇总和匹配大型数据库。

你可以从公共机构或无党派组织、非营利组织那里获得这些记录，它们对数据做了标准化处理，添加了附加信息，使记录变得易于使用。在某些情况下，新闻工作者会创建自己的数据库。

几十年来，新闻工作者一直密切地关注政客获得的竞选捐款。有些记者留存着清单，有些保存着索引卡，有些则将信息记在脑海中。但随着数据库出现，新闻工作者开始下载数据并在电子表格或数据库管理器中进行分析。

新闻工作者应尽快学会使用数据库管理器，除了方便从数据库中选择某些列和记录外，还有一个主要的技术原因是许多数据库包含几个表或更多数量的表，称之为"关系数据库"，如美国联邦选举委员会的案例。如前所述，关系数据库有两个表或多个表（文件），这些表必须由诸如 ID 之类的共有元素连接。因此，你需要知道如何使用数据库管理器来分析此类数据。

使用数据库监督竞选捐款和支出是新闻工作者挖掘值得思考的新闻报道的好途径，并且可以很容易地看到数据分析如何形成新闻报道。此外，

许多编辑支持对这个特定的主题进行新闻报道，因为大多数人认为需要公共服务监督竞选资金的来源和使用并解释其如何影响政府行为与企业。

此外，竞选资金数据库可用于较长的分析性报道，也可作为日常报道

的即时资源。选举结束后，记者可以写一篇关于获胜者得到多少捐款以及从谁那里得到这些捐款的报道。获胜者就职并开始授予无投标合同后，记者可以使用数据库管理器快速将慷慨合同[①]的接收者与竞选捐款者联系起来。一个典型的标题可能是"州长的支持者获得了丰厚的合同"。

竞选捐款是学习应用数据库管理器的好素材的另一个原因是，你最初只需要关注几列信息，如谁给了、给了多少、给了谁（见图6-1）。

图6-1　最初只需要关注3列信息

在本章和第七章，我们将使用做了略微修改的真实数据。这是一个多年来用于教学的经典数据库，因为它不仅使用来自美国联邦选举数据库的真实数据，而且包含许多常见的数据库缺陷，例如拼写错误以及一列中包含了多种（列）信息。

该数据库是关于美国田纳西州诺克斯维尔市国会候选人获得的竞选捐款。

要在数据库管理器DB Browser for SQLite中查看数据，我们先打开该程序，然后打开"政治捐款"数据库（PoliticalContributions.db）[②]。DB Browser for SQLite是一款免费软件，可以在PC、Mac和其他平台上下载使用。它具有独特之处，但这是记者学习使用数据库管理器的一种常用工具。记者也经常使用Microsoft Access，但它没有Mac版本。

Microsoft Access有一种可视化的数据分析方式，称为"示例查询"，但数据库管理器中的主要语言是结构化查询语言，称为"SQL"，通常读

---

① 慷慨合同指利益相关者之间的合同，如在美国大选中为总统候选人投入巨额资金的捐赠者在其当选后更容易得到慷慨合同。——译者注

② 原文为"Politicalcontributions.db"，有误。——译者注

105　作"sequel"，我们主要在本章和下一章使用。

回到图 6-2 所示数据，"政治捐款"数据库已经打开。

图 6-2　"政治捐款"数据库

请注意，这里有两个称为"表"的文件。这意味着数据库本身就像一个文件夹，包含一个表或多个通常希望一起使用的表。如图 6-3 所示，单击"候选人"（Candidates）表，然后单击"浏览数据"（Browse Data）选项卡，可以查看该表中 31 条记录的数据。

图 6-3　查看"候选人"表

它看起来很像电子表格，但字段名（列在数据库管理器中称为"字 106
段"）是嵌入的。数据库管理器由多个人使用，因此使用该软件很难更改
列名或数据的布局。

请注意，你不再有字母和数字①的指引。电子表格和数据库管理器之
间的一个区别是，电子表格中的信息通常按某种顺序排列；在数据库管理
器中，信息最初可能是随机的，因为软件假定你将不断地重新排列信息。
此外，数据库管理器程序未设置复制公式功能，而复制公式的需求是电子
表格有数字和字母地址的原因。

如图6-4所示，查看字段名和数据后，通过单击屏幕顶部的滑动按钮
打开另一个表。

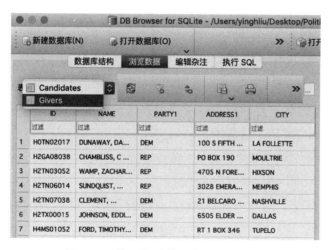

图6-4　使用滑动按钮打开另一个表

如图6-5中所示，单击"捐赠者"（Givers）表，你将看到向"候选人"
表中的31名候选人捐款的众多捐赠者。列出的541名捐赠者只是这次选举
的一个样本，但足以处理和学习可应用于任何数据库的数据"查询"功能。
请注意，这里的"捐赠者"表与在上一章电子表格中使用的数据集相同。 107

①　在Excel电子表格中，使用字母和数字分别定位记录的列和行信息。——译者注

	LAST	REST	CITY	STATE	ZIP
	过滤	过滤	过滤	过滤	过滤
1	GRUBB	KITTY	KNOXVILLE	TN	37920
2	DUNCAN	RICHARD	KNOXVILLE	TN	37919
3	NORTON	FRANKLIN	KNOXVILLE	TN	37901
4	WHELCHEL	BARBARA	KNOXVILLE	TN	37922
5	WHELCHEL	WARD	KNOXVILLE	TN	37939
6	SHIPLEY	ROBERT	KNOXVILLE	TN	37917
7	HARDING	SAMUEL Y	KNOXVILLE	TN	37919
8	FURROW	SAM	KNOXVILLE	TN	37901
9	GENTRY	MACK A	KNOXVILLE	TN	37901
10	CONLEY	WILLIAM M	KNOXVILLE	TN	37915

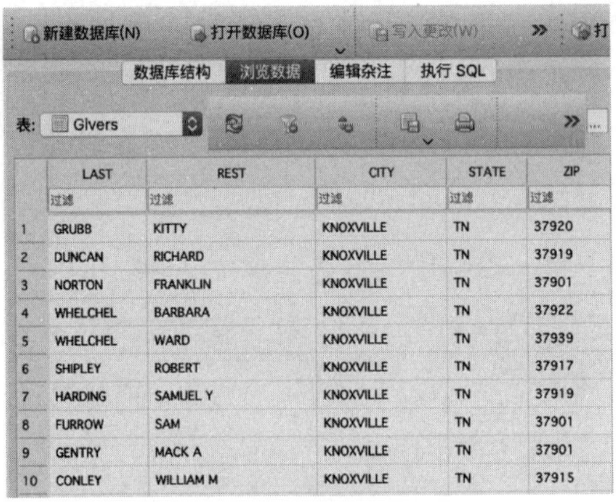

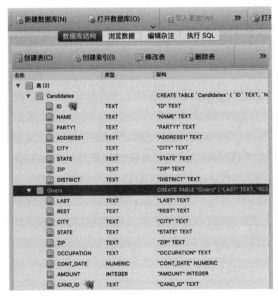

图 6–5　查看“捐赠者”表

这两个表由一个“关键字段”连接。在本例中，关键字段是“捐赠者”表中的候选人 ID（CAND_ID），或联邦选举委员会给候选人的 ID。在“候选人”表中，包含候选人 ID 的字段名称为“ID”。如图 6–6 所示，可以单击“数据库结构”选项卡来查看表结构及记录布局，字段 ID 和 CAND_ID 都做了标记。

名称	类型	架构
表 (2)		
Candidates		CREATE TABLE `Candidates` (`ID` TEXT, `N.
ID	TEXT	"ID" TEXT
NAME	TEXT	"NAME" TEXT
PARTY1	TEXT	"PARTY1" TEXT
ADDRESS1	TEXT	"ADDRESS1" TEXT
CITY	TEXT	"CITY" TEXT
STATE	TEXT	"STATE" TEXT
ZIP	TEXT	"ZIP" TEXT
DISTRICT	TEXT	"DISTRICT" TEXT
Givers		CREATE TABLE "Givers" ("LAST" TEXT, "RES
LAST	TEXT	"LAST" TEXT
REST	TEXT	"REST" TEXT
CITY	TEXT	"CITY" TEXT
STATE	TEXT	"STATE" TEXT
ZIP	TEXT	"ZIP" TEXT
OCCUPATION	TEXT	"OCCUPATION" TEXT
CONT_DATE	NUMERIC	"CONT_DATE" NUMERIC
AMOUNT	INTEGER	"AMOUNT" INTEGER
CAND_ID	TEXT	"CAND_ID" TEXT

图 6–6　查看表结构及记录布局

你可能会问为什么没有将所有数据放在一个表中？将数据放在两个表中可以节省时间，因为每位候选人信息只需要输入1次（共31人），而不是输入541次（一条一条输入捐款记录所需的次数）。这也被称为多对一关系，因为每位候选人都有多位捐赠者。

使用数据库管理器还可以将同一主题相关的数据高效地存储在一个表中。我们将在第七章中讨论这种连接，但现在专注于一次处理一个表。

查　询

分析数据库的方法是"创建"查询。

与电子表格不同的是，使用数据库管理器进行分析更为正规。数据库管理器不是在原始数据上操作，你要在另一个窗口界面中创建"查询"，然后"运行"查询来创建新的临时表。如图6-7所示，在 DB Browser for SQLite 中，单击"执行 SQL"选项卡，将得到一个空白窗口，可在其中编写查询语句[①]。

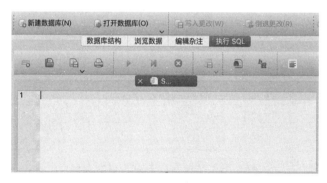

图6-7　"执行 SQL"选项卡

---

① 注意，查询框中只能使用英文半角符号，字名除外。——译者注

> **小贴士 6.2　六个命令** [1]
>
> SQL 只有六个基本命令。
>
> Select: 可以按任意顺序选择所需的字段（列）。
>
> From [2]: 可以从你想使用的数据中选择一个表或多个表。
>
> Where: 可以基于某些条件选择所需的记录（行），也可以使用布尔逻辑。
>
> Group By: 像电子表格中的数据透视表一样，可以对数据进行分组求和或计数。
>
> Having: 可以根据条件来限制使用 Group By 得到的结果数量，就像使用 Where 处理单个记录一样。
>
> Order By: 可以将数据从高到低或从低到高排序。

　　如图 6-8 所示，在查询框中输入基本查询，可以查看"捐赠者"表中的所有数据。

图 6-8　在查询框中输入基本查询

---

① 中文经常翻译为"语句"或"命令"，如"select 语句""select 命令"。——译者注

② 中文经常翻译为"from 子句"或"from 命令"，"from 子句"不能单独使用，而是"select 语句"的一部分。——译者注

"Select ＊"表示选择所有字段，"From Givers"表示选择表。

单击"前进"（▶）按钮，即"执行所有／选中的SQL"（Execute SQL）

按钮^①运行查询，如图6-9所示。

图6-9　运行查询

"执行"查询将得到结果，其中显示了"捐赠者"表中的每个字段和

记录，如图6-10所示。

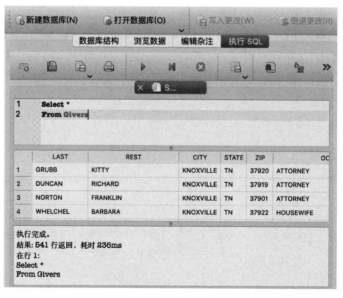

图6-10　"捐赠者"表中的每个字段和记录

选择和搜索

数据库管理器的强项是快速搜索。如果查找名字，告诉数据库管理器你要查找特定名字的所有信息。

首先，选择要使用的列。"select"的理念允许你挑选数据库中的列。通常，政府机构的数据库有 30 列或更多列的信息。字段的选择很重要，因为它能消除干扰。此外，许多新闻工作者的分析最终只涉及 4~6 个字段，因此他们专注于创建信息的子集。

如图 6-11 所示，只需要选择"中间名"（REST）、"姓氏"（LAST）和"金额"（AMOUNT）3 个字段，即可查看谁捐赠了多少。

使用 select 语句[①]选择特定字段，同时再次使用"from"子句从"捐赠者"表中提取数据。然后单击"执行"按钮获得结果。

图 6-11　创建信息的子集

我们并没有丢失"捐赠者"表中的其他任何信息，只是在结果中仅显示了选择的 3 个字段。这种信息的"垂直"切割，即选择字段（列），展

112

---

① 原文中"select 语句"和"select 命令"混用，中文也经常如此。——译者注

示了以我们想要的水平顺序选择一些信息并排除其他信息是多么容易。如果不保存此结果，返回原始信息时，它就会消失。

条件和筛选

查看字段后，你可能只想看看捐款金额超过 500 美元的捐赠者。这个想法与第四章中使用 Excel 的"筛选"来限制得到的信息是相同的。

返回查询框，只需添加如图 6-12 所示的"Where amount > 500"[1]，然后执行查询，即可得到新结果。

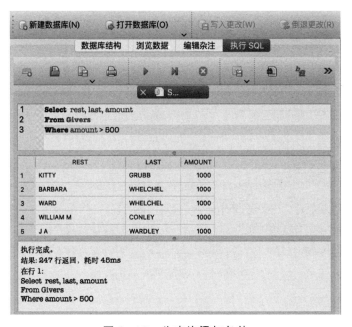

图 6-12　为查询添加条件

请注意，DB Browser for SQLite 还显示了符合条件的记录数 247。（一

---

① 原文为"Amount"">500"，有误。——译者注

个有用的提示：当输入数字时，例如1000，不要输入任何逗号①，否则某些程序可能无法正确读取数据。）

排　序

如果将捐款额从高到低排序，使用与电子表格相同的原则。返回查询框，依次输入"Order by"和"3 desc"。"3"指第三列"金额"，"desc"表示从高到低。单击"执行"按钮，得到的结果如图6-13所示。

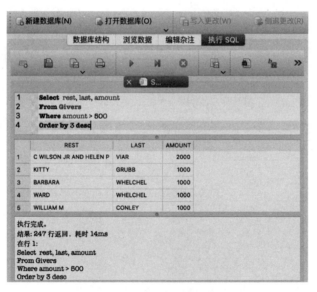

图 6-13　为查询添加排序

条件和通配符

使用电子表格时，可以用"筛选"功能来选择一条单独的记录或一批

---

① 在输入数字时，每隔三位数加进一个逗号，即千位分隔符，便于用户正确读取数据值。——译者注

记录。在数据库管理器中，使用"where"子句进行筛选，如输入 where
Last ="HASLAM"[①]。数据库管理器还具有另一个强大的筛选功能，称为　114
"like"。"like"可仅使用名字中的几个字母来选择名字。由于数据输入容
易出错，在政府数据库中，名字通常有几种不同的拼写方式。使用"like"
是解决问题的一种方法。

　　如图 6-14 所示，可以使用"like"和通配符查找所有的 HASLAM。
你已经看到前述 select 语句中使用了一个通配符星号（＊）。（顺便说一句，
去掉条件行中的 >500 即可查看名为"HASLAM"的所有捐赠者。）

　　就像扑克牌中的小丑一样，它可以代表一切。但在 DB Browser for
SQLite 中 where 子句的通配符是百分号（％）。因此"HASL%"后面的通配符
表示字母"HASL"后面可以是任意的数字或字母（小写或大写无关紧要）。

　　如图 6-14 所示，在 where 子句所在的行输入"HASL%"，然后运行查询。

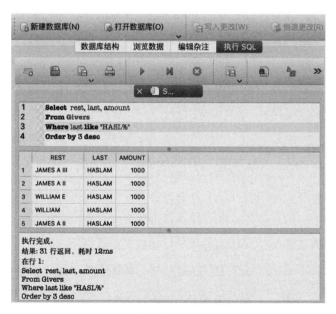

图 6-14　查询中的条件和通配符　　115

---

① 原文有误，"Haslam"应全为大写。——译者注

顺便说一句，默认情况下，DB Browser for SQLite 是区分大小写的，所以如果使用小写或小写与大写的组合查找"HASLAM"，使用"="符号将不会得到任何结果。

但是此查询将选择所有以字母"HASL"开头的名字。即使你确认没有遗漏表中的任何拼写错误，事实证明仍会存在数据输入错误。向下滚动，则会看到"HASLAM"被输入为"HASLEM"。

布尔逻辑：and、or、not

数据库管理器的另一个优势是，搜索时可以轻松地使用包含两个或多个条件的查询语句。要做到这一点，请使用第二章提到的"布尔逻辑"。一些现代图书馆员称其为"生活技能"，这也是进行在线搜索的常规方式。

布尔逻辑使用单词"and"、"or"和"not"。这 3 个单词的力量令人难以置信！

你可能想搜索所有捐赠者中超过 500 美元的律师或家庭主妇。布尔逻辑是这样处理搜索的：所有家庭主妇"or"律师，"and"捐款超过 500 美元的人。

用户友好的数据库管理器实际上简化了布尔逻辑。你可以输入：where（ occupation like "surgeon" or occupation like "attorney"）and amount > 500。文本中的字段总是带着引号，在 DB Browser for SQLite 中使用"="符号可能会有点奇怪，所以最好使用"like"通配符代替。

必须注意所有的"or"和"and"，并特别注意"not"。如果在同一个字段中选择不同项目，则不要输入：where city = "New York" and city = "Los Angeles"。怎么可能同时在两个城市呢？事实上，对于这个问题，任何一个城市[①]都不会被选中。

一般来说，如果在同一个字段中选择不同项目，请用圆括号[②]将其括起来。例如，寻找有关纽约市或洛杉矶的所有杀人犯的信息，可以输入：city=("New York" or "Los Angeles") and crime = "murderers"。如果输入：city = "New York" or city = "Los Angeles" and crime = "murderers"，你有可能得到有关纽约的所有罪犯[③]以及洛杉矶的所有杀人犯的信息。

116

想要排除一组信息时，使用"not"特别方便。如果你正在分析威斯康星州的选举信息且只想看看州外的捐赠者就可以使用"not"。你可以写一个查询子句：where state = not "Wisconsin"。

让我们回到"候选人"表，尝试使用表查询来查找捐款超过500美元的律师或家庭主妇。如图6-15所示，删除查询框中的当前字段，并在圆括号中输入：occupation ="ATTORNEY" or occupation like "HOUSEWIFE"，以及 and AMOUNT > 500。将"or"语句用圆括号括起来，这样就会仅选择这两个职业。否则，你会得到每位律师和家庭主妇以及每位捐款超过500美元以上的人。请注意，在表中以大写字母输入职业。

此查询的意思是希望看到每位职业是律师或家庭主妇[④]且捐款超过500美元的人的姓名。

如果执行该查询，则会得到如图6-15所示的结果。

---

① 即执行该查询后返回0条记录，因为没有任何一条记录符合同时在两个城市的条件。——译者注
② 注意，是英文半角圆括号。——译者注
③ 纽约的所有罪犯，包括杀人犯、抢劫犯、强奸犯等各类罪犯。——译者注
④ 原文为"外科医生"，有误。——译者注

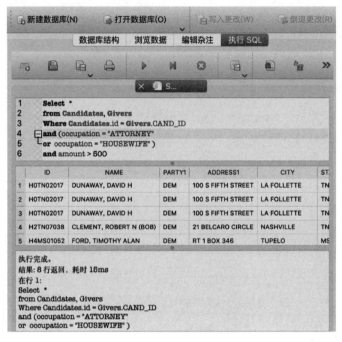

117

图 6-15　查询中的布尔逻辑

分　组

选择了想要的字段，设置条件并排序后，你可能仍然想知道哪个职业捐款最多？这就是分组的概念，或者用数据库术语"group by"来表示。

"group by"是一种快速汇总数据的方式，用于查找数据中的模式、趋势、异常值甚至错误。就像数据透视表一样，这是新闻工作者可以使用的利器之一，可以实现与电子表格中数据透视表相同的目标，但学会使用"group by"，效率会更高。

首先，确定要"group by"（分组）的类别（字段）以及要累加的字段。在本例中要合计每个"职业"的"金额"字段。我们必须始终拥有在"Select"行中使用的字段，诀窍是必须提前计划。我们明确了想按每个职业求和，于是输入"sum (amount)"，在"select"语句中创建一个新列。

如图 6-16 所示，其中显示了查询语句和结果，我们还可以对结果进行排序而不必重新执行查询，因此可以插入"order by 2 desc"，这意味着结果将从高到低降序排列[1]。

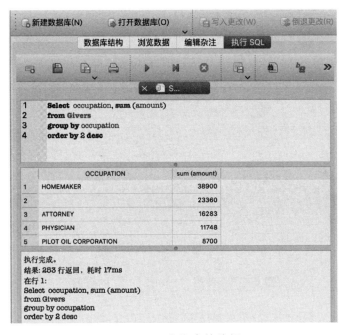

图 6-16 查询中的分组

你的查询操作实际上会带来一些问题。为什么家庭主妇是捐款最多的职业？为什么没有显示捐款第二多的职业？是否采取了什么措施让这些捐赠者公开自己的职业？谁在经营 Pilot 石油公司？

你还可以使用"group by"来计算捐款的笔数，这有些复杂，因为对表中的项目进行计数的最佳方法是在字段名中输入 count (*)。使用此方

---

① 按第 2 列，即新创建的"sum(amount)"列降序排序。——译者注

法，不仅可以计算已填写的字段，还可以计算空白字段。例如，如图6−17所示，"职业"中有一个空白字段，许多数据库管理器不会对其进行计数。除非使用"count (★)"，否则数据库管理器不会统计空白字段。

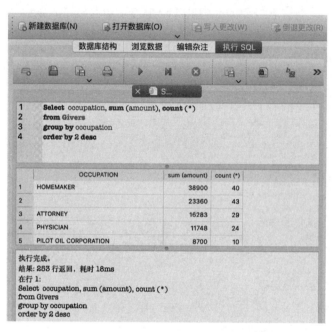

119

图 6−17　使用"count（＊）"的查询

　　如果你对这些不同的查询感到满意，可以使用查询功能，它是许多计算机辅助报道的基础。你获取信息，将信息分组，按组对部分信息进行计数或汇总，然后将结果从高到低排序。（在查询过程中，可以使用"where"子句筛选信息。）

　　你可以查看监狱人数，按种族划分后进行计数，得到各种族的百分比，然后就可以与社区中的少数种族比例进行比较。

　　你可以查看关于所在城市受损房产的信息，按社区划分信息，然后计算每个社区受损房产数量。你可以收集所在州的成千上万份联邦合同记录，将这些信息按合同履行地点所在社区划分后计算合同金额总数，了解联邦合同对这些社区经济的重要性。你可以查看制造商向环境中排放的有毒化学物质记录，按社区划分信息，按社区汇总排放量，然后找出哪个社区的有毒物质排放最多。

你收集的许多信息可以通过这种方式进行检查。有了这些基本信息，就可以在高级阶段开展传统报道工作，即访谈和实地考察。通过对相关数据库的分析，你已经看到了趋势和模式，看到了不寻常的"异常值"，并且已经在考虑有关数据的后续问题。这就好像一个线人或内部消息人士打电话给你，告诉你应该注意什么。只是线人不是一个人，而是数据库。

在下一章中，我们将学习使用关系数据库。接下来的技能将展示如何比较表来挖掘独特的报道，并在分析数据时拥有更多的控制权。

本章小结

· 数据库管理器可以处理大量记录，并以所需的方式快速组织数据。

· 数据库管理器可以快速搜索特定信息。

· 数据库管理器可以通过一个和多个条件轻松筛选信息。

· 数据库管理器可以将信息按照类别"分组"，快速创建汇总数据，并对各组数字或项目进行合计。

计算机辅助报道的应用

与其他时期相比，佐治亚州可能仍难以挽救糟糕的公立学校学业成绩，学校和纳税人却为了培养具有竞争力的足球队而不惜重金。

我们建立了该州近 2400 名高中足球教练和助理教练的综合数据库。该数据库是使用 Microsoft Excel 创建的，并使用 Microsoft

Access 进行分析。

　　事实证明，每天收集来自 312 所公立学校的工资和教学任务信息都是一场战斗。最初，各地区拒绝提供信息，或者说制作这些信息需要花费数百美元，但最终我们得到了教师和教练的工资数据。

　　有了这个数据库，就可以对工资进行分组和汇总，并快速搜索个人信息。

　　完成分析和报告后，我们发布了一些新闻报道，质疑教育会不会因为踢足球而受到损害。我们发现，一年内有近 8000 万美元的州税收用于支付教练的工资，足球队主教练的工资比学术教师的平均工资高出 55%。

—— 迈克·菲什，《亚特兰大宪法报》

推荐练习

　　1. 从酒精、烟草、火器和爆炸物管理局的网站 [1] 上获取美国各州注册枪支经销商数据库。

　　2. 创建一个搜索某座城市的查询。

　　3. 创建一个查询，对州内每座城市的枪支经销商进行分组和计数，按枪支经销商的交易数量从高到低排序记录。

　　4. 创建一个查询，按城市的邮政编码和该州最大的城市对枪支经销商进行分组和计数，按枪支经销商的交易数量从高到低排序记录。

---

[1]　该网站的地址是 http://www.atf.gov/。——译者注

第七章 数据库管理器（下）：匹配

总部位于美国新泽西州纽瓦克市的《明星纪事报》（*The Star-Ledger*）利用两个大型数据库，一个统计取得家庭医疗保健助理执照的人员，另一个统计罪犯，发现了100多名最近被定罪的罪犯被证实在该州最弱势居民的家中于无人监管的情况下工作。罪犯身份与助理身份的匹配有助于揭露松懈的国家政策，也有助于保护那些在家中需要帮助的人。

——罗伯特·格贝洛夫（Robert Gebeloff），《明星纪事报》前记者，现供职于《纽约时报》

从这个公共服务案例可以看出，数据库管理器最有价值的用途之一是将一个文件中的信息与另一个文件中的信息进行匹配。

本章介绍如何使用关系数据库，其中表文件（称为"表"）被有意地连接在一起。如前所述，信息被分为"链接表"，因为这样组织信息可以减少数据输入和分析所需的时间。但是，现在许多记者使用数据库管理器对从未创建过连接的文件进行富有创意的比较，就像罗伯特·格贝洛夫在交叉引用关于家庭医疗保健助理执照取得者和最近被定罪的罪犯的文件时所做的那样。

几十年来，记者一直关注人与组织之间的关系。在竞选资金方面，他们追踪企业对候选人的捐款以及候选人赢得选举后这些企业获得的政府合同。

一些记者通过当地警察部门关于部署巡逻人员的决定来关注犯罪事件。一些记者检查环境署关于垃圾场及其位置的档案，然后查看美国人口普查信息，了解这些垃圾场是否被安置在民众几乎没有政治影响力的低收入地区。

利用数据库管理器和关系数据库来完成这些曾经使用硬拷贝记录的任务，就是现在常规执行的数据报告。

关系数据库无处不在

在 21 世纪，有关你的信息保存在许多关系数据库中。（这就是为什么市场营销人员可以找到你，会打那些烦人的电话，会发垃圾邮件，或者给你发送广告信件。）

如果你在一个大企业或政府机关工作，则该机构可能会在关系数据库中管理你的工资。图 7-1 说明了包含你信息的表中可能呈现的记录布局。

Employee

Field Name	Data Type
EmployeeID	Text
Lastname	Text
Firstname	Text
Street	Text
City	Text
ZIP	Text

图 7-1　“员工”表的记录布局

在另一个表中列出了你收到的工资和收到日期。图 7-2 显示了该表中的记录布局。

Employee　EmployeePay

Field Name	Data Type
EmployeeID	Text
Pay	Number
Paydate	Date/Time

图 7-2　“员工工资”表的记录布局

请注意，每个表都有一个“EmployeeID”（员工 ID）字段，并且“员
124 工工资”表中仅显示“EmployeeID”字段，没有显示姓名字段。这个

"EmployeeID"字段就称为"关键字段"。它是将两个表连接在一起的字段，Microsoft Access 示例查询的可视化效果如图 7-3 所示。

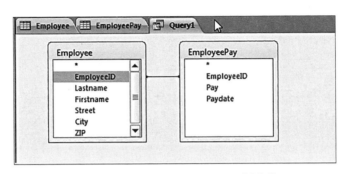

图 7-3　Microsoft Access 示例查询

如前一章所述，在关系数据库中可以使用查询功能将表连接在一起。通过连接两个表，匹配员工姓名、工资信息与邮寄地址。这种数据结构节省了空间，因为你不必每次输入有关工资的信息时都输入员工的地址信息。这些表还将信息有效地组织成主题。数据库管理器可以自动创建 ID 的关键字段，也可以使用现有的 ID 字段。[①]

美国最通用的关键字段是什么？是社会安全号码。如果拥有某人的社会安全号码，就可以将不同数据库中的表和表之间的信息连接在一起。

连接表

如何建立这样的连接呢？请告诉数据库管理器，当"员工"表中记录的"EmployeeID"字段等于"员工工资"表中的"EmployeeID"字段时，

---

① 一般情况下，设计数据库时，各表中均包含一个能唯一标识记录的字段，即 ID 字段。如"员工"表的 ID 字段是"EmployeeID"字段。若表中没有设计这类字段，数据库管理器可以自动生成一个整数类型的 ID 字段，该字段一般从 1 开始生成步长为 1 的序列，如 1、2、3 等。——译者注

则匹配该信息，创建可能包含两个表中所有信息列的记录。在 Microsoft Access 中，单击"员工"表的"EmployeeID"字段，然后将光标拖到"员工工资"表中的"EmployeeID"字段上，从一个表到另一个表之间绘制一条线[①]，如图 7-3 所示。

但使用 SQL，你可以编写"where"子句，或在 DB Browser for SQLite 中编写"where"子句或"join"子句。任何一个语句都会将这两个文件连接在一起。一旦掌握了 SQL，你便可借助 SQL 清晰地思考问题，并快速地提出问题。

你需要的许多政府数据库是关系数据库，如第六章所示。你需要了解政府官员说其提供的数据库是关系数据库时的含义。还要知晓需要询问关键字段是什么。

正如在第六章中了解的那样，在美国最常用的数据库之一来自联邦选举委员会。如果你向联邦选举委员索要数据，将收到候选人表、政治行动委员会捐款表、个人捐款表和政治委员会表。如上一章的简化示例所示，可以通过政治行动委员会表和候选人表的 ID 字段连接这些表。

在候选人表中查找有关候选人的信息。在该表中可以找到候选人为接收和记录捐款而设立的政治行动委员会 ID 字段。要查找有关政治行动委员会的信息，可以通过 ID 字段将候选人表连接到政治行动委员会捐款表。要确定为候选人捐款的个人，你需要将政治行动委员会表连接到个人捐款表，同样使用两个表中都有的政治行动委员会 ID 字段。这与在信息孤岛之间架起桥梁没什么不同，如第六章所示的危险品运输数据库及表的模式。

为了实现我们眼前的目标，可以返回到第六章中使用的简化版联邦选举委员会数据。一个表包含有关捐赠者的信息，另一个表包含有关候选人的信息。在本章中将使用这两个表，而不是一次使用一个表。

---

① 该线表明两个表的连接已经创建。——译者注

要在 DB Browser for SQLite 中使用这两个表，请先确定要包含的字段。在本例中希望使用"捐赠者"表中的捐赠者的姓、捐款金额和候选人的姓名。

现在让我们来创建一个查询来查找哪些捐赠者给哪些候选人捐款，并进行分析。查询语句和结果如图 7-4 所示。

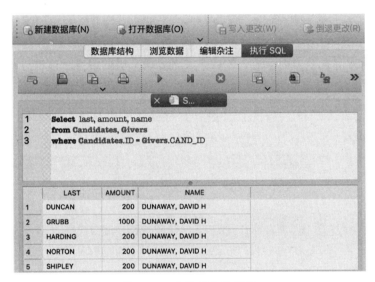

图 7-4　查询语句和结果

请注意"候选人"表和"捐赠者"表已合并在一起。现在我们已经正确地连接了表，可以将两个表视为一个表，并从每个表中选择字段，就好像在一张大型自助餐桌旁一样，可以从两个原始表中的任意一个选择字段。

创新匹配

上一个示例是"人为"地匹配或连接表。也就是说，创建表的目的是进行连接。但新闻工作者可以通过连接那些不是为了连接而创建的表来完成出色的工作。这样，新闻工作者就可以跨越机构、职业和领域之间的边界。

数十年来，新闻工作者一直在学校系统、疗养院或家庭医疗保健项目
中运用创新匹配来搜寻罪犯。其他例子还有查明彩票销售是否主要在低收
入地区，以及制定税收的立法者自己是否真的在纳税。新闻工作者对选民
舞弊的指控进行了回应，他们在选民登记册上寻找有关死亡公民的信息，
将街道地址或选民姓名与死亡证明上的姓名联系起来。匹配的可能性仅受
新闻工作者的想象力和数据可用性的限制。

新闻工作者很少拥有他人的社会安全号码，因此必须创造性地提出一个
或多个关键字段来连接相互无关的数据库。尽管有规定禁止学校雇用刑满
释放的重刑犯（特别是猥亵儿童犯）的规定，但仍有几家报纸发现一些学
校岗位雇用了刑满释放人员。最常见的匹配是将法院或监狱记录与员工记
录连接起来。这是通过匹配多个字段来实现的，例如名到名、姓到姓、出
生日期到出生日期（如果可以获取），或者通过连接地址等其他标识信息。

例如，如图 7-5 所示，你有关于罪犯的信息（这些名字都不代表真实
的人）。

图 7-5 "罪犯"（Criminals）表

如图 7-6 所示，你有一份"教师"（Teachers）表。

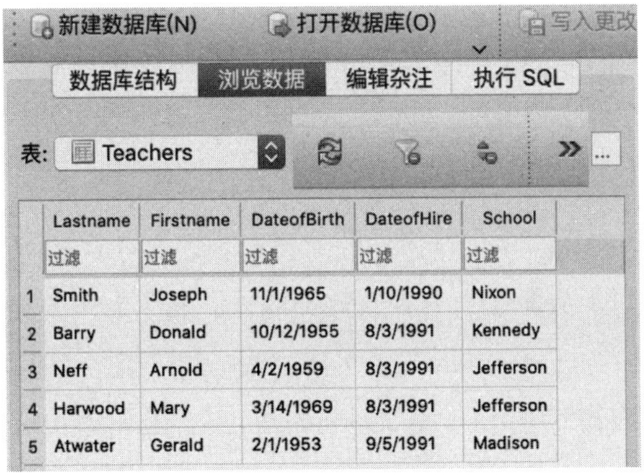

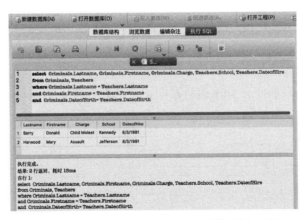

图 7-6 "教师"表

由于你没有关键字段（如社会安全号码），你可以查看这两个表，从中选择多个字段。若进行连接，可以执行内连接语句。

在本例中，从"教师"表中选择姓（Lastname）、名（Firstname）、学校（School）和出生日期（Dataofbirth）字段，从"罪犯"表中选择出生日期和罪名（Charge）字段。

运行查询，如图 7-7 所示，结果显示了教师和罪犯之间的潜在匹配。

图 7-7 "教师"表和"罪犯"表的创新匹配

　　请注意，用来连接表的字段名不一定要在"select"语句中。如果想确定匹配项，你可以根据需要将字段写入"select"语句。

　　然而，此时，报道工作才刚刚开始。你需要仔细检查结果，使用其他文件来验证所有记录匹配的确实是同一个人，然后准备对员工和学校的领导进行艰难的采访。

　　在不相关的数据库中进行大量匹配（有时称为"命中"）可以产出良好的公共服务新闻，从而保护弱者或弱势群体。北卡罗来纳州的《夏洛特观察者报》（*The Charlotte Observer*）曾发布一则报道。在马萨诸塞州，曾在劳伦斯市《鹰论坛报》（*The Eagle-Tribune*）工作的布拉德·戈尔茨坦（Brad Goldstein）将社会福利领取者姓名与监狱囚犯名单进行匹配，找到了监狱中的社会福利领取者。《迈阿密先驱报》的史蒂夫·多伊格将飓风"安德鲁"过境后的建筑检查记录与同一地区的风速进行了匹配，如果风速很低但破坏程度高，那么就知道该地区的建筑标准很可能存在问题。《亚特兰大宪法报》发现那些曾被判重罪的教师在被聘用时逃脱了审查。还有记者对比了停车罚单和天气情况，发现天气不好时很少开停车罚单。

　　应该注意的是，匹配的价值受到对比有效性的限制。你需要做更多的工作来确保每次匹配的准确性，这包括复查自己的工作。如前所述，通过其他文件和采访来寻找方法，以确保匹配是准确的且你的新闻报道是可靠的。

　　使用关系数据库可以处理更复杂的数据库，如图 7-8 所示的危险品运输关系数据库的可视化（称为"模式"）。

　　这也可以为创建更多的创新匹配提供思路。考虑到这种模式，我使用员工 ID 获得了关于康涅狄格州公务员的 7 个不同的数据库并进行连接，这些 ID 不是社会安全号码，因此不是私有的。

　　该数据库包括固定工资、加班费、养老金、工作时间和出勤率。每获取一个数据库，我都会发布一系列新闻报道，然后我开始在数据库之间进行匹配，又发布了更多的新闻报道。在一则新闻报道中，我使用了固定工资表、工作时间和考勤表，并将小时工资乘以休假天数，结果表明，平均来看，州政府雇员的工资中有1/3用于支付非工作时间的休假、病假、（节日）假期和工伤补偿等。

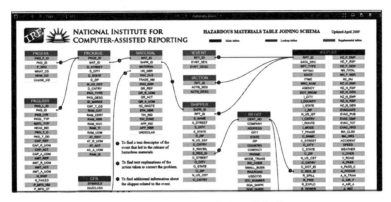

图7-8　危险品运输关系数据库

本章小结

· 数据库管理器通过匹配名称或标识号来连接两个或多个信息表。

· 数据库管理器不仅可以连接你打算连接的表，还可以连接没有人想过要连接的表作为创新报道的基础。

· SQL 是大多数数据库管理器的一部分，还是一个功能强大的程序，可以更简单、更有力地执行许多查询。

计算机辅助报道的应用

《代顿日报》（*The Dayton Daily News*）通过使用死亡案例数据库和智力障碍群体福利院数据库，以及关于当事人溺水或窒息死亡、被殴打死亡和其他原因导致死亡的记录，确定了30起因疏忽导致死亡的案例。

　　整个智力障碍群体福利院的系统都是保密的，很难从中获得记录。为了解决这个问题，我们将 40 万份死亡记录的地址与几十个智力障碍群体福利院的地址进行匹配。然后，按照在地址中找到的匹配项与家庭成员联系，并查看了每个福利院的检查记录。

　　我们还与福利院经营者、智力障碍者的保护者、幸存者家庭成员、社会工作者以及州和地方监管机构进行了交谈。我们的发现是，俄亥俄州耗资 18.5 亿美元用于保护 6.3 万名智力障碍者的系统充满了致命的漏洞。

　　结果，州长任命了一个特别工作组，并要求州审计长[①]根据合同规定审计私营公司提供的护理服务。

　　　　　　　　　　——约翰·埃里克森（John Erickson），《代顿日报》

推荐练习

1. 从本书的网站[②]上获取捐款和候选人的样本数据库。

2. 连接数据库中的表。

3. 按姓氏、职业和捐款日期分组汇总金额。将每个结果按捐款最高金额进行排序。

　　4. 使用候选人的姓名重复上述查询。

---

① 州审计长，负责稽核本州政府机构财政事务，由委任或选举产生的州政府官员担任。——译者注

② http://ijec.org/databook/ 。——译者注

第二部分

在新闻报道中运用计算机辅助报道技能

第八章　获取非网络数据：数据查找和协商

新泽西州官员拒绝了《阿斯伯里公园报》（*Asbury Park Press*）的请求，该请求将帮助该报评估该州儿童保护局的表现。但是我们了解到，美国联邦政府数据库包含整个美国的寄养儿童信息，其中包括新泽西州。我们还了解到美国联邦法律要求公布数据，并利用这一点说服州政府官员公布了长达两年的数据。

我们成功地获得了检查儿童寄养机制所需的电子信息，并制作了一个为期5天的系列报道。报道显示，该州在改革儿童寄养机制方面做得很少，而且儿童生活在寄养机构和福利院的时间比以往任何时候都多。

——贾森·麦迪（Jason Method），《阿斯伯里公园报》前记者

有时，新闻报道所需的数据库是公开发布的。然而，有时候数据库以保密或国家安全为幌子对你保密，尽管官员很容易删除或限制对敏感资料的访问。官员还可能通过收取高得离谱的价格来限制对数据的访问。这意味着为了获取应该免费发布且可能随时免费发布的数据，新闻工作者可能经常不得不挖掘数据库、与相关机构争论或向相关机构施压。

在寻找电子形式的公共信息时，请记住纳税人已经提供了输入数据、存储数据和检索数据的资金。因此，不必给相关机构提供一个发布信息的充分理由。相反，公共信息的拥有者应该给你一个不发布信息的好理由。简而言之，你需要思考但不一定要说："你有数据，我想要它，把它给我。"一个自由民主的社会是建立在开放的基础之上的，而不是阻挠的官僚主义和秘密，追逐信息是新闻工作者的职责和特权。

> **小贴士 8.1　查找数据的步骤**
>
> 　　本章将探讨获取数据库访问权的三个步骤：查找、协商和导入，以便在新闻报道中使用数据。这三个步骤同时进行：
>
> 　　1. 需要为新闻报道找到一个或多个合适的数据库，并确定其中有真正需要的信息。
>
> 　　2. 经常需要为数据库进行有见地的协商，避免官僚们试图用技术术语搪塞你，并确保获得理解数据库所需的任何补充材料。
>
> 　　3. 需要知道如何从软盘或其他源介质导入或传输数据，以便使用这些数据。

查找数据

　　许多刚开始从事数据新闻工作的新闻工作者想知道在哪里可以找到有用的数据库。无论你身在何处，答案都是"无处不在"。随着 20 世纪 90 年代网络的出现，跨越国界和大洲的数据库大量增加。

　　我们将把重点放在政府数据库上，因为许多私有数据库不仅很难获得，而且价格远远超出新闻工作者或新闻编辑室的预算。此外，许多私有数据库和商业数据库实际上是运用你可以在本书中学到的技能用公共数据库拼接而成的。通常，你可以自己完成大多数的数据库连接。

　　几乎任何主题都有数据库，每个政府机构和企业也都有数据库。自从个人电脑普及以来，政府机构和企业等组织一直以电子方式存储信息。此外，相较于过去，它们为自己的数据库编制了更全面的清单和索引，特别是对于 2000 年的所谓"千年虫"问题，当时各机构担心，由于 2000 年 1 月 1 日的日期问题，其数据库可能会陷入混乱。20 世纪，许多机构只使用两位数字记录年份，这意味着一旦进入 21 世纪，年份"01"和"02"就变得不明确了。

即使没有数据库索引，你也知道大多数机构实现了计算机办公，并且拥有大量的数据库。你走进一家机构，环顾四周，就会看到每个人都在电脑里输入信息。如果你看到一份包含行和列表格的报告，通常报告后面会有一个数据库，如果它看起来对你的工作有用，则应该尝试获取该数据库。例如，房屋中介机构经常发布关于保障性住房的位置、有多少套房屋以及谁有资格获得保障性住房的报告。索取附在报告后面的备份数据库，记者不仅可以获得报告中出现的列和行信息，还可以获得可能被排除在外的材料，例如政治上令人尴尬的信息。

最好记住，在网络上查看数据库时可能只会看到数据库的一部分。即使进入政务公开时代，数据库在网络上公布，数据库往往也只是原始数据库的摘要或一部分。原始数据库通常包含官员不想发布的信息或者没有意识到对公众有价值的信息。网络上的内容并不总是可以追溯到几年前。

尽管有些政府要求机构提供数据库列表，但许多机构可能会说数据库不存在。这可能是因为他们不想承担批准此类请求的负担，或者是因为有一些内容需要隐瞒。

值得调查的是，在过去几十年里，这类机构是否聘请了顾问来解决自身对其计算机系统造成的混乱。如果聘请了顾问，他们可能会发布报告，在这些报告中可以找到关于硬件、软件和数据库的清单，这些信息可以帮助你确定某个机构有没有你需要的资源。要获取这些信息，请向该机构索取有关其计算机系统和数据库的咨询报告副本。

审计报告通常还包含机构记录及其保存方式的概述。美国政府问责局（Government Account-ability Office，GAO，官网地址是 http://www.gao.gov）是负责联邦机构审计的国会监督机构，实际上使用许多机构自己的数据库进行审计。在政府问责局报告的后面有对所使用数据库的介绍。虽然这些数据库可能无法在网上获得，但报告、摘要和讨论都会提到这些数据库。

　　你还可以浏览商业数据库和政府数据库的分类及在线目录。在某些情况下，机构工作人员可能不了解机构的数据库。此外，与大学和学院的社会科学家建立资源关系可以为数据库的可行性开辟广阔的途径。社会科学研究者生活在数据库的世界里，因为他们依靠数据进行统计分析。

　　在某些情况下，管理人员及其公共信息官可能不希望与媒体对话，甚至可能误导记者。这就是为什么在所有的三个层次上都拥有资源是有利的。而且，有时管理人员和公共信息官对数据库的存在或包含的内容一无所知。

　　还有一些需要了解或加入的协会。属于使用 SAS、SPSS、R（统计软件包）或 GIS（地理信息系统）群组的人了解从医院到保险再到政府的范围广泛的数据。如果你负担得起，作为附属机构加入公共数据用户协会（Association for Public Data Users，APDU，官网地址是 http://apdu.org/membership/join-apdu/）是值得的。

小贴士 8.2　数据来源的三个层次

如果掌握了节奏，你应该在三个或更多的层次上开发资源：

1. 与很少参与部门政治活动的数据录入员交谈，他们会告诉你他们正在录入什么样的信息。

2. 与数据处理者交谈，他们会告诉你他们正在处理什么样的信息。

3. 与管理人员交谈，他们会告诉你他们发布的报告使用了什么样的信息。

　　公共数据用户协会每月发布一份通讯，讨论各种公共数据。地图公司 ESRI[①] 每年召开一次国际会议，在其数百次会议上都讨论了数据库。

---

　　① 美国环境系统研究所公司（Environmental Systems Research Institute，ESRI）成立于 1969 年，是全球最大的 GIS 技术提供商。——译者注

获取数据库

获取数据库的第一种方法就是简单地索要。不要根据你所在州的《信息自由法》或国家记录公开法的规定撰写正式请求。你可以先索要一下。

在官员拥有安全意识的时代，官员可能会要求你写一个申请。但是，如果获取数据库变得很麻烦，或者官员要求提供正式的申请，那你将不得不降低姿态去做一些跑腿的活。

索要数据库时，你需要知道自己想要什么。你需要了解有关发布电子信息的法律法规，但不一定要把它们当作手段。有时候，最好了解规章制度，以免引起麻烦。有些法律过于陈旧或模棱两可，以至于官员可以利用这些法律有效地阻止信息的发布。在美国，要想在这方面得到帮助，请查阅美国新闻自由记者委员会官网（地址是 http://www.rcfp.org）来获取相关法律和美国数据库访问入口的最新信息。全球调查新闻网上有很好的门户网站访问入口，可以访问国际上其他国家的信息自由法（地址是 https://gijn.org/resources/freedom-of-information-laws/ ）。戴维·屈耶（David Cuillier）和查尔斯·戴维斯（Charles Davis）合著的《获取的艺术》（*The Art of Access*）一书是了解在美国获取公共文档和数据的绝佳资源。

在开始信息获取之战前，确保你知道自己需要什么数据库以及新闻报道必须包含数据库的哪个部分。或者相反，你知道可以放弃什么。如果新闻报道真的只需要邮政编码，请不要在获取街道地址问题上争执不休。

最后，你需要知道信息是如何保存的。信息是在电子表格或数据库管理器中，还是用某些古老的编程语言来存储的？机构能以哪种格式向你提供数据？记录布局是什么样的？文件中有多少条记录，文件有多大？文件有多少兆字节或千兆字节？这些问题的答案告诉你，如果想充分利用数据，需要什么样的硬件、软件和知识。

记录布局

如前所述，记录布局会告诉你列的名称、列中的数据类型（文本、数字、日期）以及每列的宽度。这是通往数据库结构的路线图。

如果信息在电子表格中，这是个好机会，你可能不需要了解太多。对于电子表格形式的记录，你通常会获得副本，打开文件，你自己的电子表格程序会自动将信息放置在电子表格的单元格中。你需要知道列名称的含义，还要获取编码本（也称为"编码表"或"数据字典"，其含义相同）以备使用。你还应该检查数据类型是否正确以及数字列不会错误地以文本形式出现。

就像从互联网下载数据一样，这是获取数据库的简便方法。但是，你经常会得到在第六章和第七章中学习到的保存在数据库管理器中的信息。

小贴士 8.3　记录布局的各个部分

要理解数据库中的信息，你肯定需要记录布局。记录布局可作为信息存储和排序的指南。记录布局指定：

· 每个字段的名称。

· 字段是文本［也称为"字母数字"或"字符"（由字母和数字组成）］，还是数字（仅数字）或日期。

· 每个字段的宽度（也称为"长度"）。一个字段只能包含一定数量的字符或数字，具体取决于字段宽度。（这就像填写考试表格，姓氏只有12个空格。如果姓"Rumpelstilski"，则仅能填写"Rumpelstilsk"。）

· 字段在记录中的位置。如果记录长度为100个字符，并且姓氏字段是第一个字段且宽度是12个空格，则姓氏字段的位置是1~12。可以把记录看作一种线性填字游戏。

虽然一个字段的宽度不像过去那么重要，但有所了解是有益处的。

记录布局将告诉你数据库中包含哪些信息以及这些信息是否符合你的需要。你可能需要信息类别的一些说明，因为有时它们会以首字母缩写形式来表示。例如，在小企业管理贷款计划的记录布局中，你可以看到许多字段，一些字段的缩写需要说明。图 8-1 仅显示了大约一半的记录布局。

	A	B	C
3	BorrName	Borrower name	text
4	BorrStreet	Borrower street address	text
5	BorrCity	Borrower city	text
6	BorrState	Borrower state	text
7	BorrZip	Borrower zip code	text
8	BankName	Name of the bank that the loan is currently assigned to	text
9	BankStreet	Bank street address	text
10	BankCity	Bank city	text
11	BankState	Bank state	text
12	BankZip	Bank zip code	text
13	GrossApproval	Total loan amount	number
14	SBAGuaranteedApproval	Amount of SBA's loan guaranty	number
15	ApprovalDate	Date the loan was approved	date
16	ApprovalFiscalYear	Fiscal year the loan was approved	text
17	DeliveryMethod	Specific delivery method loan was approved under. See SOP 50 10 5 for definitions and rules for each delivery method. 7(a) Delivery Methods: • CA = Community Advantage • CLP = Certified Lenders Program • COMM EXPRS = Community Express (inactive) • DFP = Dealer Floor Plan (inactive) • DIRECT = Direct Loan (inactive) • EWCP = Export Working Capital Program • EXP CO GTY = Co-guaranty with Export-Import Bank (inactive) • EXPRES EXP = Export Express • GO LOANS = Gulf Opportunity Loan (inactive) • INTER TRDE = International Trade • OTH 7A = Other 7(a) Loan • PATRIOT EX = Patriot Express (inactive) • PLP = Preferred Lender Program • RLA = Rural Lender Advantage (inactive) • SBA EXPRES = SBA Express • SLA = Small Loan Advantage • USCAIP = US Community Adjustment and Investment Program • Y2K = Y2K Loan (inactive)	text

图 8-1　部分记录布局

如果数据中使用了编码，但记录布局中不包含编码信息，则还应获取适用的编码本。这不是编程代码，而是一个翻译代码编号或字母实际含义的文档。

编码用于节省空间或简化统计分析。假设数据库制作者不想使用种族和民族的名称，比如"黑人"、"白人"或"西班牙裔"。为了节省数据输入时间和空间，数据库制作者会将适用的列设计为仅包含一个字符。然后将"黑人"编码为"1"，"白人"编码为"2"，"西班牙裔"编码为"3"（使用数字编码，统计软件可以更轻松地进行分析）。你也许可以自己弄清楚编码的含义，但你真的不想陷入猜谜游戏，因为可能会做出错误的假设。因此，请获取编码本或编码表。

　　你还应该打印前 10~100 条记录，查看是否所有字段都输入了信息。你还需要打印输出，确保已将信息正确地传输到你的计算机中。另外，请获取输入信息的表格纸质副本。这些在第十章中称为"完整性检查"。

　　如果你获得了一个数据库，进行检查时，则需要询问数据库使用哪种语言，并索要记录布局、编码表以及（如果可能）前 100 条记录的打印输出。

隐私及安全性问题

　　在过去 10 年里，政治家和公众越来越关注隐私安全及国家安全。他们拒绝了索取电子信息的请求，即使相同的信息可以提供纸质副本，也能用可公开获得的资源进行整理。

　　计算机辅助报道的长期从业者和培训师詹妮弗·拉弗勒（Jennifer LaFleur）曾经被拒绝访问"认养高速公路"①的电子数据库。官员们说，根据加利福尼亚州法律，数据库中的姓名信息是私人的，尽管捐助者为了对一段高速公路的维护进行邀功，其姓名会出现在公共广告牌上。

　　事实上，在 20 世纪 90 年代的一次研讨会上，一群记者提出了 38 个官僚们不提供数据库的借口，至今同样的借口仍然在使用。你可以从美国国家计算机辅助新闻报道协会那里获得该列表，其中一些借口声称提供数据
142　库会花费很多时间，或者官僚们不知道如何复制数据。

　　如果某个机构声称其信息是私人的或出于安全原因而拒绝提供，那么你应该查看法律法规。如果机构是对的，则需要确定你可以访问的信息是

---

　　① "认养高速公路"计划也称为"领养高速公路"计划，通过志愿者维护高速公路的道路清洁，以节省纳税人的金钱。——译者注

否仍然有价值。

许多记者知道他们的新闻报道需要什么信息，才能同意删除数据库中某些类别的信息。有时你可以放弃"姓名"字段，因为你的报道需要数据库来制作演示图形或进行统计研究。与其进行长时间的协商，不如考虑放弃某些字段来换取其余的字段，继续推进自己的新闻报道制作。

例如，对于医疗或工人的赔偿记录，记者经常放弃姓名信息，因为公开的民事法庭中有大量的案件可以用来做轶事报道。如果你正在寻找关于州政府员工的记录，即使没有获取员工的街道地址，也能为许多新闻报道进行调查。

高成本

新闻机构的记者寻求信息时被要求支付数百万美元费用。有一次，美国司法部要求美国国家计算机辅助新闻报道协会的数据库图书馆为一个数据库支付超过 20 亿美元的费用，这太荒谬了！

通常，最终的成本是几百美元或更少。多年前，康涅狄格州对《哈特福德新闻报》访问驾驶执照记录开价 300 万美元，尽管根据法律规定报社可以免费访问。经过长时间的协商，3 年后《哈特福德新闻报》总共支付了 1 美元。

小贴士 8.4　合理的价格

如果你愿意讨价还价并且知道合理的价格，则可以在成本上占上风。考虑以下事项：

· 媒介成本。这应该可以忽略不计，DVD 或闪存驱动器的成本非常低。

· 副本成本。机构不应该向你收取从服务器简单复制数据的费用。

> • 员工时间成本。通常公众已经为收集和存储数据付费。除非你要求特殊编程，否则机构不应该收取编程费用。如果确实需要特殊编程，那么每小时的费用不应超过 20 美元或 30 美元。

143

如果可能的话，应避免提出额外的编程要求。这意味着可能引入错误，还给了机构更多删除记录的机会，删除了部分内容的记录可能会导致新闻报道变得令人尴尬。有时，机构说创建特殊数据集等同于创建"新"的记录，并且某些法律未要求机构这样做。

实际上，你应该能够以免费或低于 100 美元的价格获得大多数数据库。即使在规定了费用的情况下，你也应该要求免除费用，因为美国《信息自由法》规定，如信息披露符合公众利益，通常要免除费用。

公开使用电子记录的一个隐患是私人供应商对公共记录的处理。不具备计算机专业知识的公共机构通常会雇用商业供应商来处理相关工作，但是商业供应商希望盈利。如果公民要求提供信息，法律可能会允许商业供应商对文件副本收取高额费用。由于一些机构没有自己的记录副本，你必须与商业供应商争辩。

最好的解决方案是新闻机构和其他组织推动修改（相应）法律。在某些州，商业供应商对公开记录收取高昂的价格是违法的。

导　入

你不希望花费大量精力获取数据库之后却无法使用，这就是你必须谨慎地获取记录布局、文件大小信息、编码表和打印输出的原因。

导入数据时有两个关键点。第一，确保信息进入正确的列，并且列的标签正确。第二，确保正确地翻译信息，以便阅读。与过去相比，这是个不太常见的问题。

如果你使用某种通用的软件程序接收数据，那么你的工作将非常简单。以前，在一个软件程序中创建的数据库无法转换到其他公司的数据库软件，但现在大多数软件可以实现格式转换。例如，将 CSV 文件导入 Excel，CSV 文件将自动加载到电子表格。要了解各种可能性，只需在 Excel 中打开文件，然后单击 Excel 文件名右侧的箭头[1]，如图 8-2 所示。

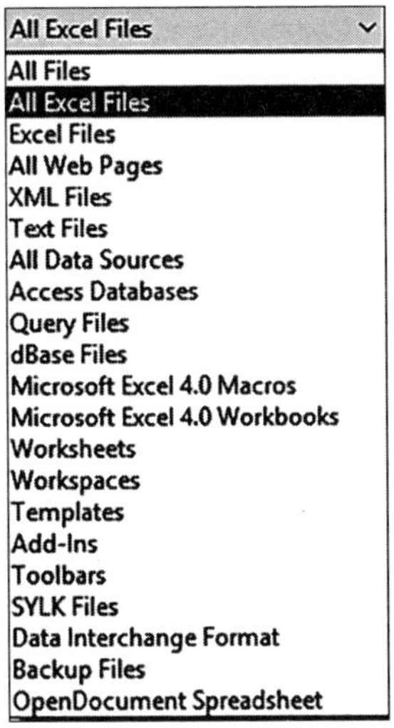

144

图 8-2　在 Excel 中可以选择打开的文件类型

Microsoft Access 的导入界面与我们在 Microsoft Excel 中看到的导入界面非常相似，但 Microsoft Access 和其他一些软件能够导入的文件格式更多。Excel 和 Access 可以转换使用多种软件创建的文件。一些数据库管理器（如 DB Browser for SQLite）只能处理分隔文件或 DB 文件，因此必须将 Excel 文件转换为逗号分隔的文件[2]。

有时你会收到"固定宽度"和"逗号分隔"的信息，这两种格式都是网络上的数据库使用的。这些格式在第二章中讨论过。

---

[1]　该箭头打开的下拉列表中显示了 Excel 能打开的所有文件类型。——译者注

[2]　即扩展名为 CSV 的文件。——译者注

"逗号分隔"格式用于节省空间。将列放到一起，而不是在列之间留
145　有空格。程序在识别到逗号时知道那里是列的结尾。引号告诉软件引号间
的单词应输入字符字段，其他信息是数字。（此外，你通常可以将字段名
称放在第一行，节省反复输入字段名称的时间。）

　　"固定宽度"格式的文件有些棘手，因为有时需要创建一个文件来抓
取恰当列的信息，但是这种文件越来越少了。数据库管理器通常都有类似
于 Excel 的向导来引导你完成相同的步骤。

　　没有正确的数据将无法准确、完整地发布一则新闻报道。有时查找和
导入数据会非常棘手，但这是计算机辅助报道不可或缺的一部分。好消息
是你做得越多，事情就会变得越容易。

本章小结

　　· 你可以使用你身边的电脑查找或询问报告中的图表和表格数字来自
何处来定位数据库。

　　· 美国联邦机构和州政府机构将越来越多的数据库列表放在网络上，
但是出于安全和隐私考虑而关闭了某些信息。

　　· 顾问和审计师在报告中使用了你可能不知道的数据库。

　　· 始终获取有关数据库的正确文档，并始终尝试免费获取数据库。

　　· 了解与电子访问相关的法律，以便运用法律或避免法律上的麻烦。

　　· 大多数电子表格和数据库管理器软件可以导入大多数格式的文件。

计算机辅助报道的应用

　　我们成功地完成了"餐厅预订"系列报道，但花费了很大的力气，

更不用说获取大量的计算机辅助报道资源需要更大的毅力。

我们从几个基本问题着手。我们想知道当地的餐馆是否普遍遵守或不遵守规定？政府监管餐馆的制度是否有效？普通消费者有没有方法区分安全和不安全？

某些政府机构拒绝了我们检查数据的要求，在我们发送官方要求、与相关负责人会面以及继续打电话和发送电子邮件之后才有所让步。即使如此，有些机构还是花了数周或数月的时间才提供记录。我们注意到美国卫生部最初提供的计算机文件不完整之后，6 个月来它一直未能提供完整的数据。

注意你提出的要求，不同的要求可能会影响你得到的数据。这就是收到各机构的数据后我们的感受。数据有不同的格式，有的记录丢失了，有的记录是重复的，有的数据来自陈旧的计算机系统。

但总的来说，我们发现，在过去的 5 年里，当地餐馆违反食品安全规定的次数超过 13 万次，其中 2 万次是严重违规。至于执法方面，我们发现对违规者的处罚很少，即使有证据表明他们的客人就餐后生病了。

——里克·林斯克（Rick Linsk），《圣保罗先驱报》（*The St. Paul Pioneer Press*）前记者

推荐练习

1. 准备向当地机构索取不在网络上公布或仅公布了一部分的数据集的电子信息。通常，相关机构不会发布其员工的所有工资信息。请列出你所需信息的清单。

2. 访问美国新闻自由记者委员会网站（http://www.rcfp.org），并查看其可用资源。

3. 阅读你所在州的记录公开法并做笔记。

4. 在你所在州的总检察长网站上查看与你的请求有关的任何意见。

147   5. 要求提供所需数据库的记录布局和编码表。要求查看一些记录的打印输出。

6. 准备撰写一个记录公开申请，这样当他们要求提供书面请求时，你已经准备好了。

7. 将数据导入电子表格或数据库管理器。

148   8. 分析数据，找出谁的工资最高，计算平均年龄和年龄中位数。

第九章　创建自己的数据库：开发独家资源

我们想研究瑞典当局如何打击本国的金融犯罪。我们利用从 3 个机构那里获得的投诉和嫌疑人记录，建立了自己的数据库；查阅数百条记录，建立了一般嫌疑人和投诉的档案。我们确定，当局不是在追查大骗子，而是坐视不管，把时间花在起诉有记账问题的小企业主上。

——海伦娜·本特松（Helena Bengtsson）和珍妮·诺德伯格（Jenny Nordberg），瑞典广播公司（Swedish broadcasters）

20 年来，世界各地成千上万名记者学习了如何有效地创建数据库以更好地报道新闻，通过建立自己的数据库，海伦娜·本特松和珍妮·诺德伯格也加入了他们。建立数据库是一项有助于记者实践计算机辅助报道和数据新闻的技能，因为这意味着他们不必仅依赖于其他人创建的数据库。

美国之外的记者访问本国数据的机会通常要少得多，他们需要获取纸质记录，并将记录中的信息输入电子表格或数据库管理器。但美国的记者尤其是小镇上的记者创建数据库的频率比你想象的要高得多。

很多时候，你想要的信息（尤其是地方级别的）不是可用的电子形式。此外，尽管有记录公开法，但顽固的官员可能不会遵守这些法律。这些官员可能会推迟对申请的答复，以隐私和安全问题为由拒绝你访问公共数据，或者设置高价限制此类访问。

因此，当你无法及时获取数据时，你可能不得不接受创建自己的数据库的挑战。有时，创建你自己的数据库既快捷又简单。有时，数据输入和检查数据输入的准确性可能很耗时。创建任何数据库都需要一些深思熟虑、有效的计划表以及决心。

但付出的努力是值得的。你会十分清楚地了解这些信息有多么准确。从新闻报道真正需要的数据库着手创建工作，而不是做大量工作来寻找需要怎样的数据库。你也可以用对你而言最实用的格式输入所需的信息。数据库还会为你提供独家且经常有影响力的新闻报道，你可以进行权威报道，引用本来不会引起注意的模式和趋势。最后，掌握创建数据库的技能将使你成为所属新闻机构中更有价值的成员。显然，这是一项值得拥有的技能。

20年来，许多记者已经建立了涉及广泛的国际、国家和地方问题的数据库。例如，关于世界贸易中心恐怖袭击死者、赛车事件中的死亡人数、严重损坏的全损车辆转售、可疑的当铺交易、县级机关和法院的员工出勤问题、罪犯量刑、虐待移民工人和说客送给立法者的礼物的数据库。

一些记者创建数据库来追踪联系人和消息来源。计算机辅助报道专家、普利策奖获得者乔·克雷文·麦金蒂不仅在任职于《华盛顿邮报》期间对警察枪击案进行了广泛的数据分析，而且保存了与美国其他大城市警察部门联系的数据库日志。当警察部门官员声称忘记她申请过信息时，她可以查阅她的数据库列举她上次打电话的日期、时间和谈话对象。大多数情况下，警方官员在了解这些信息后会变得更加合作。

在《哈特福德新闻报》任职期间，我建立了有关环境污染、说客、竞选资金和提前退休养老金的数据库。不过，我和另外两名记者使用我们自己创建的可能涉及连环杀手谋杀案的数据库发布了影响重大的新闻报道。

听说警察正在调查哈特福德地区两三起妇女谋杀案之间的潜在联系，我决定查看过去5年间康涅狄格州未侦破的妇女谋杀案剪报。大约有40起案件，我们决定在数据库管理器中输入受害者的人口统计信息，查看是否存在任何明显的联系。我们列出了每位受害者的名字、她是如何被杀的、她来自哪里以及她的尸体是何时被发现的，并非所有的信息都可用。我们仍有很多工作要做。我们开始按照受害者所在的城镇来筛选信息。

尸体被发现的城镇决定了由哪个警察局进行调查。这意味着，如果凶手将受害者（尸体）放置在不同的城镇，那么警方可能比凶手在一个城镇处置受害者（尸体）时更慢地认识到不同案件之间的联系。当地警方和法医办公室一直在调查每个受害者被发现时所在城镇的凶杀案。通过查看受害者被发现时所在城镇，我们发现了一个清晰的模式。

为了了解这种模式，我在电子表格中做了一些简单的排序，以找出有多少受害者来自哈特福德市。查看这些人的详细信息，我发现其中 7 名女性最后一次出现是在哈特福德的同一个街区，如图 9-1 所示。

	A	B	C	D	E	F
1	Lastname	Firstname	AGE	Street	TownFrom	TownFound
2	MAYO	TAMEIKA			HARTFORD	ROCKY HILL
3	TERRY	CARLA			HARTFORD	WINDSOR
4	RIVERA	SANDRA			HARTFORD	SOUTH WINDSOR
5	DANCY	DIEDRE			HARTFORD	HARTFORD
6	PEREZ	EVELYN			HARTFORD	WETHERSFIELD
7	PEEBLES	PATRICIA			HARTFORD	NEWINGTON
8	PARRENO	MARIA			HARTFORD	HARTFORD
9						

图 9-1 哈特福德市的 7 名受害者

我们查看了更多的犯罪细节，采访了受害者的家人，从法医数据库和美国联邦调查局补充凶杀案数据库收集了更多信息。我们还在该州发现了另外两起谋杀案。根据我们的调查结果，执法人员成立了一个特别工作组来研究所有谋杀案之间可能存在的联系，而在此之前，这些案件还没有联系起来。

不到一年，一些执法人员就确信，该州有 3 个连环杀手在作案，而不是 1 个。官员逮捕了一名犯罪嫌疑人并加大了调查力度。更重要的是，哈特福德（连环）谋杀案停止了。

其他记者也为他们的新闻报道创建了数据库。第二章提到，当时工作于俄亥俄州《哥伦布快报》的迈克·贝伦斯创建了自己的数据库，并使用类似的技术追踪了一名州际公路连环杀手，时间与我们正在调查的哈特福德谋杀案差不多。《西雅图时报》（*The Seattle Times*）的记者也建立了一个关于所在地区连环杀人案的数据库。在每个案例中，数据库都给予了提示，阐明了可能的模式，并为记者提供了一个重要的起点。最近，前数据新闻记者托马斯·哈格罗夫（Thomas Hargrove）使用国家数据来识别美国各地社区的可疑模式。

何时创建

帮助创建世界贸易中心恐怖袭击事件受害者数据库的安东尼·德巴罗斯（Anthony DeBarros）说过，《今日美国》决定继续前进是因为记者至少知道，经过核实的受害者身份名单将有助于后续报道，并且可以为创新工作提供基础。事实上，该报的新闻报道非常详细地展示了一个人的办公室位置以及建筑设计是如何影响其生存机会的。该数据库还提供了幸存者、救援工作相关报道以及许多其他新闻报道的相关线索。利用这个数据库，报社还可以处理政府机构关于受害人的混乱甚至可能错误的信息。

德巴罗斯说："面对如此复杂的事实……数据库确实是发掘引人注目的新闻报道趋势的最佳工具"。

> **小贴士 9.1　创建数据库清单**
>
> 建立数据库的决定应该基于一组因素，包括：
> - 确定信息尚未以某种电子形式存在。
> - 确定使用数据库可以达成的最低目标或发布最低限度报道，不管是为了追踪随时间变化的复杂信息，还是为至少一则重要的新闻报道提供背景。

> ・数据库能否成为有用的存档，以及记者在将来的新闻报道中是否还会使用。
>
> ・需要多少个类别（信息列或字段）以及需要输入多少条记录。
>
> ・估计创建数据库实际所需的人员和时间。
>
> 考虑这些因素，你就可以做出是否着手创建数据库的明智决定。

电子表格或数据库管理器

对于少量的信息，电子表格是创建数据库的好工具。电子表格不需要先创建用于输入数据的结构，所见即所得。（你可以将较小的数据集中的信息输入工作表，如第四章所示。）

这意味着可以轻松标记信息的列（或类别）、输入信息并立即进行分析。但是，如果信息的种类很多（超过 20 种或 30 种），并且记录也很多（超过几百条），则值得花时间考虑是否在数据库管理器中工作。

数据库管理器可以处理更复杂的信息。数据库管理器还能简化数据输入，你可以使用关系数据库一次性而不是多次输入基本信息。如第七章所展示的，将关于政治捐款的数据输入两个表意味着不必多次输入候选人信息。使用数据库管理器处理数据，你还可以将自己创建的数据库连接到政府机构或企业创建的数据库。

无论你选择电子表格还是数据库管理器，好消息是，信息已经在电子形式的列和行中，可以轻松地导入其他软件。现在已经了解如何将数据放入电子表格，因此我们将重点介绍在数据库管理器中创建数据库。

使用数据库管理器

许多记者最初创建了一个数据库来跟踪有关政治捐赠者的信息，可能包含捐赠者的姓名、街道、城市、州、捐款金额、捐款对象以及捐款日期。

在电子表格或数据库管理器中，你需要创建一个用于保存信息的结构。这与第八章中讨论的记录布局是相同的工具。如果信息包含单词和数字，数据类型应为"字符"或"文本"或"字母数字"。

在电子表格中，只需确定每列的标题并设置数据类型（文本、数字或数据）。

如果包含你可能想要做加、减、乘、除运算的数字，则数据类型应为数字，也称为"数值"。如果信息是日期，则数据类型为日期，你可以计算天数，按日期分组以及按日期排序。例如，你可能想查看发生交通事故最多的日期，或者想计算一下罪犯在监狱实际服刑的天数。

在电子表格中输入数据无须考虑列宽。与电子表格不同，在数据库管理器中你可能需要考虑一个字段占用多少空格或字符（就像填字游戏一样）。大多数姓氏可以包含在 25 个字符中。表示州的编码一般为两个字符。邮政编码一般占用 5 个或 9 个字符。让我们看看如何在数据库管理器中创建结构。在 Microsoft Access 中，你可以用以下方式打开一个新数据库：打开 Microsoft Access，单击"新建"（New）和"空白数据库"（Blank Database），在工具栏中找到"表设计"（Table Design）并单击，出现可以输入字段名称并为其指定数据类型的网格。我们使用 Microsoft Access 是因为在视觉上更容易查看，如图 9-2 所示。

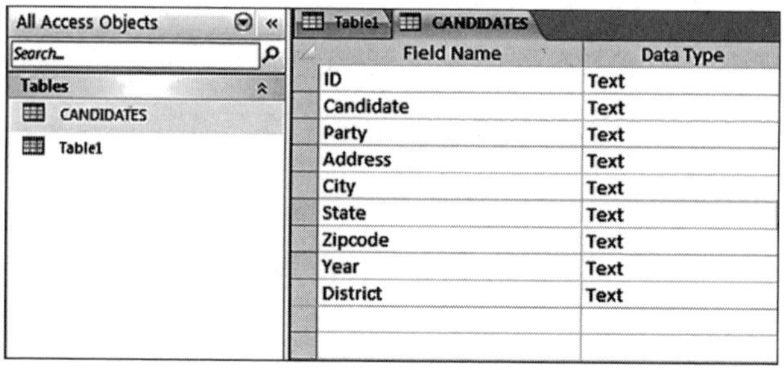

图 9-2 Microsoft Access 中的表结构

使用数据库管理器必须注意表的关键区域，包括字段名称、数据类型和字段宽度（通常，我们会将名字至少拆分成4个字段，即姓、名、中间名的首字母和称谓[①]；将街道至少拆分为3个字段，即街道编号、街道名称和街道后缀。这确保我们以后可以按这些字段中的任何一个进行排序）。但是，对于本例，我们将像许多政府机构一样走捷径。

双击"候选人"表，你会来到一个像电子表格一样可以输入数据的界面。如图9-3所示，使用数据库管理器处理数据十分灵活，排序也很简单，你可以按照想要的任何顺序填充每条记录中的字段，并按照想要的任何顺序输入整个记录。

图9-3　Microsoft Access 输入数据界面

我们可以在 DB Browser for SQLite 中创建一个新数据库，复制图9-3的 Access 表，将其命名为"politics"，然后它立即转到一个表，在该表中我们输入字段名称，如图9-4所示。

155

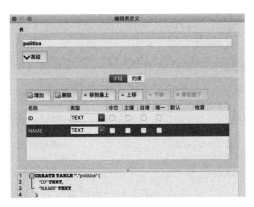

图9-4　输入字段名称

---

①　此处的称谓指伯爵、局长、夫人、教授、编辑等对某人的官衔、职业、职称或其他关系的称呼。——译者注

如你所见，只需稍微修改和更改一下字段名称，就可以创建自己的数据库，数据库可以包含任何信息或者保留任意类型的名称列表。你可以添加出生日期、年龄或其他人口统计信息，例如种族和性别。

创建关系数据库

单个表有时被称为"平面文件"，因为它未与其他表连接。然而，在竞选捐款的示例中，我们可以添加另一个表，并通过候选人 ID 将其连接到候选人的姓名。

单击"新建"和"表设计"，进入网格界面，输入字段名称，包括姓（LASTNAME）、REST①、城市（CITY）、州（STATE）、邮政编码（ZIP）、职业（OCCUPATION）、捐款日期（CONT_DATE）、捐款金额（AMOUNT）和候选人 ID（CAND_ID）。我们使用下划线，这样程序会将字段名称视为一个单词。（有时，数据库管理器会遇到空格的问题，尤其是在使用结构化查询语言时。）

如第六章所展示的，候选人 ID 是将"候选人"表连接到名为"捐赠者"的新表的关键字段。图 9-5 显示了完成（连接）后的"捐赠者"表。

LAST	TEXT
REST	TEXT
CITY	TEXT
STATE	TEXT
ZIP	TEXT
OCCUPATION	TEXT
CONT_DATE	NUMERIC
AMOUNT	INTEGER
CAND_ID	TEXT

图 9-5   完成（连接）后"捐赠者"表的外观

DB Browser for SQLite 需要另一个步骤来区分日期或时间，而

---

① 此处的 REST 指姓名中除姓之外名字的其他部分。——译者注

Microsoft Access 在这个操作上就很简单，数据类型可以选择"日期/时间"。

　　大多数美国竞选筹款法限制了个人可以向单个候选人捐款的金额。在本例中，假设个人捐款金额不能超过 2000 美元。使用 Microsoft Access 可以限制输入的数据，操作就变得简单了。在有效性规则行中输入"<2001"，可以确保输入的数据不会大于该数值。（如果正在使用的纸质报表上有更高的数字，则说明你要么发现了关于某人的捐款记录有错误，要么发现了一个非常有趣的报道）。图 9-6 是 Microsoft Access 的示例。

AMOUNT	Number
CAND_ID	Text

General | Lookup

Field Size	Long Integer
Format	
Decimal Places	Auto
Input Mask	
Caption	
Default Value	
Validation Rule	<2001

图 9-6　Microsoft Access 中的验证规则

　　无论使用哪种软件，你现在已经创建了两个表，并且可以输入所有数据。保证候选人 ID 是一致的，你就可以创建一个关系数据库。如果在数据库中创建一个新查询，可以将这两个表添加到查询界面，并使用候选人 ID 字段连接这两个表，就像我们在第七章中所做的那样。

这些是创建数据库的基本步骤。稍加练习，你会发现不断有机会为新闻报道创建小型或大型数据库。这些数据库能够提供更好的提示和更好的纪录报道，或者仅仅是更好地保存记录。

本章小结

· 你可以使用电子表格和数据库管理器创建自己的信息文件。

· 创建自己的表时，你可以确保数据准确并满足你自己的新闻报道的需要。

· 创建数据库时必须提前做计划。你要确保所创建的数据库可以满足最低目标的使用需求，没有白白花费时间。

· 如果你创建了一个好的数据库，它将组织记录的保存，为新闻报道提供提示，还可以查看分析趋势和模式。

· 创建表时，请始终考虑可能将其连接到其他表的关键字段。

计算机辅助报道的应用

内河船舶驾驶员是美国路易斯安那州最危险的工作之一，当我们最初决定了解一下密西西比河沿岸悬挂外国国旗船只的驾驶员时，我们并不认为这个问题具有挑衅性。

当时，我们想确定两个谣言是不是真的，即路易斯安那州的驾驶员是美国薪酬最高的船员之一，而广泛的裙带关系导致非亲属几乎不可能加入这一行列。

我们想要的主要记录是驾驶员的工作申请以及他们填写的事故报告。我们最终得到了 6 箱文件，并花了 3 周的时间将所需的全部内容输入 Excel 电子表格。

结果是无可辩驳的。最近几年被任命为内河船舶驾驶员的 100 人中，85 人与其他驾驶员有亲属关系。我们使用 Excel 和 Access 进一步分析了我们的数据库，发现整个驾驶员体系存在惩罚缺失和药物滥用等严重的问题。

——杰弗里·梅特罗特（Jeffrey Meitrodt），《时代花絮报》（*The Times-Picayune*）前记者

推荐练习

1. 使用 Excel 创建关于你的家人和朋友的数据库，包括姓氏、名字、中间名字的首字母，居住地街道号码、街道名称、街道后缀，居住地所在城市、州，邮政编码，电话号码，电子邮件，出生日期，性别和年龄。输入至少 10 条记录。

2. 在你的家人和朋友数据表中找出平均年龄和中位数年龄。

3. 使用 DB Browser for SQLite 创建相同的家人表和朋友表。输入至少 5 条记录。

4. 在表中找出平均年龄。（提示：在查询中使用"总计"行可以找到平均值。）

第十章 "脏数据"：事实核查及数据清理

当化合致幻药物致死事件的信息在佛罗里达州全州范围内公布后，人们很快发现这项调查充满了错误。在一宗又一宗案件中，受害者年纪太小或太大，不可能是化合致幻药的使用者。记录还显示，很多案件不太可能得到仔细的审查，包括开枪自杀的晚期癌症患者、跌倒的养老院病人以及一名接受脊膜炎治疗的 4 岁男孩。

——汉克·柯蒂斯（Hanque Curtis），《奥兰多哨兵报》（*The Orlando Sentinel*）

一旦你开始使用计算机辅助报道技术，很快你就会听别人说或者自己感慨："数据到底有多脏？"

脏数据通常从敲击键盘时就产生了。请记住，某个从事世界上最无聊工作之一（数据输入）的人很有可能已经将错误信息输入数据库，或者有人信任编码有缺陷的算法并用来创建数据库。

机构和企业付给数据录入员的工资非常低，这造成并加剧了此类从业人员工作消极。一般而言，如果机构人手不足，将无法进行适当的数据完整性检查。即使机构做了完整性检查，仍然会存在错误信息未被纠正的可能性。通常情况下，如果该机构使用一个程序来处理数据，会相信这个程序是完美的，而这是一个非常糟糕的认知。

在任何情况下，机构都应该制定"验证规则"，即建立一个输入系统，限制输入数据库的内容。然而，让人吃惊的是，拼写错误和完全错误的信息依然会溜进数据库。

每当你获得一个新数据库，都应该浏览前 100 条记录，寻找拼写错误、遗漏和无意义的内容。你还应该使用电子表格中的数据透视表功能或者数据库管理器中的"Group By"查询来检查错误数据的输入模式。

举个例子，如果数据库包含城市名称，则运行一个查询，询问有多少种不同的拼写，并按字母顺序排列（同一个城镇通常有几种不同的拼写方法）。例如，美国小企业管理局（U.S. Small Business Administration）关于政府担保企业贷款的数据库似乎经常在城市名称上出现错误。

如果你使用数据透视表来计算伊利诺伊州各城市的贷款，你将看到同一个城市的许多拼写方法。如图 10-1 所示，阿灵顿海茨有几种不同的拼写方法。

[注意，我们将使用一个数据透视表来查找城市的不同（和不准确的）名称。]

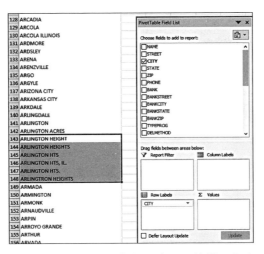

图 10-1　阿灵顿海茨市几种不同的拼写方法

除非你清理数据或进行手动计算，不然这会妨碍你进行准确的计数和分析。值得注意的是，在计算机软件中，一个句点、空格或者连字符都会使信息看起来不一样。对于电子表格或数据库管理器来说，有句点的圣路易斯（St. Louis）和没有句点的圣路易斯（St Louis）是两个不同的城市。

　　我们的经验是，绝对不能完全信任数据。没有一个数据库是完美的，没有一个数据库是完整的。每个数据库都可能包含一个误导或棘手的字段。事实上，早期的计算机辅助报道专家乔治·兰多（George Landau）已经指出，每个数据库都可能含有误导性字段或棘手的字段。你只需要发现它们有多糟糕，它们的缺陷是什么，确定它们有没有足够准确的数据来提供帮助。

　　例如，使用当地政府数据生成在线地图的 EveryBlock①网站因未能进行准确性检查，而错误地定位了洛杉矶的犯罪活动。《洛杉矶时报》检查了数据，促使警察局和 EveryBlock 网站做了更正。

　　《洛杉矶时报》和 EveryBlock 网站的创始人阿德里安·霍洛瓦季（Adrian Holovaty）就检查数据完整性的必要性进行了精彩的问答辩论，网址是 http://latimesblogs.larimes.com/lanow/2009/04/adrian-holovaty-everyblock.html。

永远不要相信数据

　　优秀的记者一直坚信，在核实信息之前，他们不应该相信任何人告诉他们的信息（用通俗的话来讲，就算你的妈妈告诉你她爱你，你也应该去检查一下）。对数据库也必须持同样的怀疑态度。这个世界并不完美，人也是不完美的。如果我们正在策划一则新闻报道，我们会尝试确定一个人到底知道多少，然后再采访另外两三个人来相互参照，最终验证我们得到的信息。我们应该把同样的方法应用到数据库上。

　　在你开始进行采访并进入现场之前，你必须做数据检查，决定你是否需要清理数据以及确定需要清理的数据量。如果不先这样做，你就会被误导，就好像消息来源给了你错误的提示。

---

① EveryBlock 是一个超本地化的新闻网站，2009 年 8 月被微软全国广播公司收购。——译者注

有关问题数据的另一个很好的例子是美国政府合同数据库中一个不起眼的陷阱，许多记者险些因此受到误导。这对任何从事数据工作的记者而言都是一个前车之鉴。

该数据库包含授予合同的机构、收到合同的公司、合同金额、签订年份和执行合同的地点等项目（字段）。

数据库中潜藏着一个名为"债务类型"（Obligation Type）的信息字段。该字段的右边是"美元"字段，包含值为"A"或"B"的一个字符的信息。[记录布局中显示，"A"表示字母数字（Alphanumeric）（即数字和字母的任何组合），而"N"表示数字（Numeric），即可做任何运算的数字。] 如果你没有注意到"债务类型"字段，最终可能会得到完全错误的数据。因为合同数据库中公布的所有金额都是正数。如果债务类型是"A"，则金额为正数。但是，如果债务类型是"B"，则表明该合同解除了债务，即撤销了债务，金额应该被解读为负数。这也意味着，如果债务类型是"B"，你就必须将金额乘以 −1。

如果你意识到需要询问"债务类型"是什么意思，或者分发数据的机构有没有告诉你它的含义，就没有（上述）问题了，但情况并非总是如此。事实上，有几名记者之所以勉强躲过了合同总价值的重大错误，仅仅是因为他们想重新检查数据库，将其与纸质的概要报告进行对比，发现他们计算的总数与政府报告的总数之间存在数亿美元的差额后，再次与该机构进行了核对。

事实上，如果他们在"债务类型"为"B"时忽略了将金额乘以 −1，那么他们的报道就会与事实产生数亿美元的偏差。

小贴士 10.1 经验总结

从其他经验中吸取的教训是：

· 注意每个字段以及它会不会影响其他字段。

> ·进行外部完整性检查，例如将你计算的总数与其他人的报告进行比较。
>
> ·当数据不合理时提出问题。

> **小贴士 10.2　数据库中的各种陷阱**
>
> 脏数据库和劣质文档有很多种形式，其中的错误包括：
>
> ·记录布局、编码表以及记录计数不准确。
>
> ·数据库中姓名和地名拼写错误或者缺乏标准化。
>
> ·数据输入不完整。
>
> ·数据中存在编码字符，比如图标或者空格。
>
> ·从打印输出文件中复制的数据带有标题。
>
> ·机构或者记者导入或者下载不准确。
>
> 这些问题出现得相当普遍，但可以识别出并进行纠正。

两条规则

在我们看到这些问题和了解解决方案之前，处理脏数据有两个规则。

第一，永远不要使用原始数据库处理数据。你应该创建数据库副本并在副本上处理数据。如果你犯了错误，希望恢复数据并重新开始，但若你修改了源文件则无法执行此操作。此外，在处理数据时，每次对数据做重要更改时都保存为不同的文件，并且按顺序编号，为你的工作创建一个核查轨迹。例如，处理人口普查数据时，你的第一个人口普查文件可能是"州1"（states 1），副本是"州2"（states 2），下一个副本则是"州3"（states 3），以此类推。

第二，如果你需要对拼写进行标准化，切勿在原始字段或者列中直接修改，应该在该字段旁边创建一个新字段，这样你就不会改变可以作为你检查数据清理情况参考点的原始数据。

检查记录布局

　　数据清理的第一步是检查记录布局。从前面的章节中，你已经知道了在索要数据库的同时，还应该索要记录布局。正如我们所说的，记录布局可以看作数据库的路线图。它告诉你信息字段的名称；字段是否包含字母和数字，还是仅包含数字或者日期；以及字段宽度，表明特定列可以容纳多少个字母或者数字。

　　在前一章也提到了，你还需要与数据库配套的编码表或编码本，否则你就不可能知道一个字段中的"1"代表白人，另一个字段中的"4"代表重罪。

　　然而，获得记录布局、编码表以及数据库通常只是获取可用数据的第一步。

记录布局中的失误

　　许多从事计算机辅助报道的记者发现了记录布局以及编码本中的错误，而且记录布局并不能保证每个字段都包含数据。

　　例如，多年来，由于对"强奸"的定义存在分歧，美国联邦调查局在芝加哥的年度犯罪统计数据中并未列出强奸罪。因此联邦调查局将在芝加哥发生的强奸案标记为"0"，而不是直接使用芝加哥市提供的数据。

　　美国州保释金和县数据库往往缺乏关于被告是否可以保释并出狱的关键信息。有时，机构会在没有说明的情况下删除或修改信息。

　　让我们来看看记录布局中可能存在的一些问题。图10-2的记录布局示例展示了信息可能在列中的显示方式。

Field	Type	Length
First name	Character	15
Last name	Character	20
Agency	Character	20
Salary	Numeric	6

图 10-2　记录布局示例

在这个例子中，在把信息导入数据库管理器之前，你会看这些信息。你可以看到前两条记录，如图 10-3 所示。

Paul	Jones	Social Services	15541	10/12/2011
Dawn	Brown	Comptroller	21203	05/06/2012

图 10-3　前两条记录

你已经注意到有什么地方看起来不对劲了。如图 10-3 所示，根据这个记录布局，应该只有 4 列信息。但是如图 10-4 所示，还有一列看起来像日期的额外信息。可能发生的情况是，当首次连接数据库时，数据库设计者决定不包括雇用日期，但后来设计师认为应该包括雇用日期。

当你准备将信息导入电子表格或数据库管理器时，可能必须创建结构来保存信息。数据库结构通常是数据库记录布局的镜像，正如你在上一章中看到的那样。

但是，如果你将图 10-3 中所示的信息导入该布局，那么信息就会进入错误的字段（将 PDF 文件转换为 Excel 文件时也会发生这种情况）。前几条记录可能如图 10-4 所示。

Firstname	Lastname	Agency	Salary
Paula	Jones	Social Services	15541
10/20/91	Dawn	Brown	Comptroller

图 10-4　进入错误字段的记录

就像你在图 10-4 中看到的，信息的位置移动了，并进入了错误的字段。当你将 PDF 格式的数据库转换为 Excel 电子表格时，经常发生这种情况。

一个真实的信息移动问题的例子不是发生在记者身上，而是发生在美国康涅狄格州的联邦法院系统上。

在哈特福德市，法院系统使用选民名单发出义务陪审通知。为了获得民众的姓名，法院将选民登记名单导入它创建的数据库。哈特福德市的少数族裔人口众多，而除哈特福德市之外的城镇的大部分居民是白人。律师们很快注意到联邦法院的义务陪审员大多是白人。最终，一项调查发现，法院的数据处理人员错误地读取了选民登记的记录布局。他们为城镇名字设置了 7 个空格（的长度），而不是 8 个空格。因此，"Hartford" 被截成了 "Hartfor"。

接下来的字段如果不是关于选民生存状态的信息，截断不会是个大问题。因为记录布局的错误，"d" 刚好移到了下一个字段。在那个字段中，"d" 代表 "死亡"。法院当然不想向死者发送陪审团传票，所以它创建了一个程序，其邮件列表中不包含任何状态为 "d" 的人。因此，在法院的电脑上，哈特福德市的所有人都 "死" 了。正因为哈特福德市没有人收到陪审团传票，所以陪审团中几乎没有有色人种。这是一个关于政府在没有意识到问题的情况下使用错误信息的精彩的新闻报道。

显然，根据实际数据检查记录布局是很重要的。获得旧的记录布局或者不完整的记录布局的情况并不少见。

晦涩难懂的编码

比糟糕的记录布局更常见的可能是不完整或不准确的编码表。在上一章中，你了解了为什么需要编码表或编码本。你必须翻译编码，否则将迷失在数字森林中，但首先你需要确保编码是准确的。

假设你获得了一个使用数字表示种族的编码表，"1"代表白人，"2"代表黑人，"3"代表西班牙裔，"4"代表亚裔美国人，"5"代表美洲世居民族。将信息导入数据库后，即可执行标准的完整性检查。运行查询或使用数据透视表来检查每个种族的记录数，结果如图10-5所示。

Ethnicity	Totals
1	550
2	430
3	255
4	77
5	88
6	3
7	2
8	1
9	113

图 10-5　每个种族的记录数

这是怎么回事？为什么6、7和8族群的总数如此之少，而9族群的总数如此之多？这些是什么种族类别？好吧，"6"、"7"或8可能是数据输入错误。没有人输入成百上千个数字却没有一点失误吧。致电该机构后，你可能会删除"种族"字段中包含"6"、"7"或8的记录。但"9"这组数据是不容忽视的。你再次致电该机构，得知他们用"9"表示未提交种族信息的人，但是他们忘了把它放在编码表中。

在另一个示例中，你会得到某个州每个机构的所有支出。这些机构不是按名称而是按标识号列出的，范围是1001~4999。你运行一个查询，在其中对标识号进行分组并对金额列求和。图10-6显示了查询结果的前面部分。

Agency	Total (in thousands)
1022	255,321
4077	121,444
5019	23,655

图 10-6　查询结果的前面部分

查询结果包括编码表上不存在的机构标识号 5019。这种情况可能比预期更频繁。例如，许多州在选举新州长后增设了或撤销了机构。通常，新的标识号会添加到数据库，但没添加到编码表。如果将它们添加到编码表中，也只是数据库管理员在自己的副本中草草记下的。

数字也会出错

本章开头部分的讨论表明，人们很容易犯下众多错误。你必须检查所有数字的总和是否正确，或者至少检查数字总和是否相近。在前一章中，你学习了询问数据库中接收到多少条记录以及索要基于该数据的书面报告。

同样，你还需要进行外部完整性检查，将你做的分析与数据库之外的其他文件进行比较，比如机构或审计员的书面总结报告。在美国联邦合同数据库的示例中，你可以对机构进行分组并汇总合同总金额。然后，你要用一份书面报告来比较每个机构的金额。

外部完整性检查不仅可以防止错误，还可以带来出色的新闻报道。计算机辅助报道的先驱艾略特·贾斯平收到了一个州机构发放给罗得岛州（Rhode Island）中低收入人群的低息抵押贷款数据库，他做了一个简单的完整性检查。当时在《普罗维登斯公报》工作的贾斯平计算了数据库中的抵押贷款总额，并将自己（计算）的数字与年度报告中公布的总额进行了比较，差额是数百万美元。

但是贾斯平并没有算错。很明显，该机构一直在隐藏一笔贿赂基金，将这笔钱贷给那些不符合政策要求的政客朋友或者亲戚。贾斯平致电该机构就这一差额进行询问，这让该机构感到担忧，并开始粉碎文件。此后不久，州警察突袭了该机构并展开了调查。

金钱数额并不是唯一可能出错的方面。一项快速的外部完整性检查包括统计数据库中的记录数量，并将其与机构提供给你的数量进行比较。如果数字不匹配，那么问题就严重了。

然而，情况可能更糟。当情况更糟时，你需要考虑可以进行的所有的完整性检查。我曾经索要 1 万名州政府工作人员的出勤记录。这些记录显示了员工如何度过每个工作时间，无论是正常工作时间、加班时间、病假时间、假期还是事假。给我记录的机构说它忘记做记录计数了，但是因为它给了我 180 万条出勤记录，这是我算过的，我以为我有了所有出勤记录。

然而，过了一段时间，我突然想到，我可能应该为每位雇员保留至少 250 天的记录。即使那一年一名雇员中途离职，另一名雇员也会获得加班费。快速计算 1 万名员工乘以 250 天，就会得到 250 万条记录。经过两天的讨论，该机构终于检查了自己的工作，发现了一个严重的程序错误，承认少给了我 70 万条记录并把这 70 万条记录发给我。

标准的问题

最棘手的数据库问题之一是缺乏标准化。如前所述，名字有几种不同的拼写方式或用不同的单词来表示同一类别，例如美国联邦选举委员会中的 "attorney" 或 "lawyer"[①]。修复这些问题可能很耗时，但有时这是获得准确计数和汇总的唯一方法。

让我们回到 SBA 数据库[②]并解决阿灵顿海茨（Arlington Heights）的拼写问题。一种方法是遵循清理数据的基本概念，使用 Excel 的 Find 函数和 Replace 函数进行纠正。这种方法不仅单调，而且不会在新列中进行更正。你必须在新的工作表中操作，然后将其与原始工作表进行比较。

---

① 这两个单词都表示"律师"这个类别。——译者注
② 本章开头提及的美国小企业管理局关于政府担保企业贷款的数据库。——译者注

一个更好的方法是创建一个查找工作表，第一列显示所有的错误拼写，第二列是其标准拼写，如图 10-7 所示。

	A	B	C
1	ARLINGTON HEIGHT	ARLINGTON HEIGHTS	
2	ARLINGTON HEIGHTS	ARLINGTON HEIGHTS	
3	ARLINGTON HTS	ARLINGTON HEIGHTS	
4	ARLINGTON HTS, IL.	ARLINGTON HEIGHTS	
5	ARLINGTON HTS.	ARLINGTON HEIGHTS	
6	ARLINGTRON HEIGHTS	ARLINGTON HEIGHTS	

图 10-7　创建查找工作表

你可以在原始工作表中创建一个新列，然后在新列的第一个单元格输入 VLookup 函数。该单元格将引用查找工作表。

单击回车，所有"Arlington Heights"的错误拼写都会得到纠正，如图 10-8 所示。

你可以看到函数引用了原始工作表中的 C1 单元格，查找工作表已命名为"CITYLOOKUP"，然后"CITYLOOKUP"表中 2 列 6 行的数据范围已经确定。

`=VLOOKUP(C1,CITYLOOKUP!$A$1:$B$6,2)`

	A	B	C	D	E
1	MEINIKE	400 W. NORTHWEST HWY.	ARLINGTON HEIGHT	ARLINGTON HEIGHTS	
2	ANALYTICAL DIRECTIONS, INC.	1509 WOODS DRIVE	ARLINGTON HEIGHTS	ARLINGTON HEIGHTS	
3	CHAPS	1415 W DUNDEE RD	ARLINGTON HEIGHTS	ARLINGTON HEIGHTS	
4	CYBER EXCHANGE	445 E. PALATINE ROAD	ARLINGTON HEIGHTS	ARLINGTON HEIGHTS	
5	A-ARPAD HARDWOOD FLOORING, INC	1312 S EVERGREEN	ARLINGTON HEIGHTS	ARLINGTON HEIGHTS	
6	CREATIVE SALES, INC	762 W. ALGONQUIN ROAD	ARLINGTON HEIGHTS	ARLINGTON HEIGHTS	
7	SOIL & MATERIAL CONSULTANTS,IC	8 W. COLLEGE DRIVE	ARLINGTON HEIGHTS	ARLINGTON HEIGHTS	
8	THE OYSTER REEF,INC.	1744 W. ALGONQUIN RD.	ARLINGTON HEIGHTS	ARLINGTON HEIGHTS	

图 10-8　使用 VLookup 函数纠正错误拼写

另一种快速、可靠的方法是在 DB Browser for SQLite 数据库管理器中使用 SQL 中的 Update 语句。

首先，你需要在"Sbaloansillinoisbank"表中创建一个名为"Newcity"的新字段。如图 10-9 所示，使用"Alter"语句和"add"子

句 ① 只需两行即可完成更正。

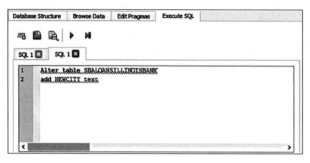

图 10-9　创建"Newcity"新字段

　　然后，如图 10-10 所示，使用"Update"语句中的"set"子句设置正确的拼写，使用"where"子句列出错误的拼写，将"Arlington Heights"的正确拼写填入该字段。

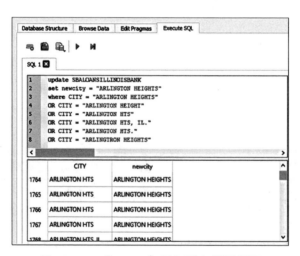

图 10-10　"where"子句列出错误拼写

这个结果与 Excel 的 VLOOKUP 函数非常相似。

　　现在，如果你想计算"Arlington Heights"地区的所有贷款金额，就

---

① 原文为"where"子句，有误。——译者注

可以编写一个使用"Newcity"字段并计算贷款数量的查询，这次你将得到正确的数字。

虽然这只是数据清理的开始，但是创建一个新字段，然后在该字段中输入标准化拼写的做法是非常常见和必要的。

标题的问题

当你最终说服机构提供电子形式的信息，而不是打印出来的，你可以获得记录布局以及一张DVD，或者相关机构通过Dropbox①从网上发给你。你获得了数据，在你的电脑中打开文件，开始浏览信息。你会看到什么呢？一个令人厌恶的标题大秀。

标题是跨越打印输出页面顶部的信息位。它们可能会告诉你日期、页码以及其他在列和行数据库中没有位置的信息。图10-11给出了一个示例。

Date 0/2/2013 Administrative Services Page 3			
Name	Town	Zip	Salary
Sun, Gerald	Lincoln	06320	35,004
Moon, Mary	Jefferson	93914	42,523

图 10-11　打印输出数据库文件中的标题

由于工作人员的不称职、懒惰或恶言恶语，该机构显然给了你每个打印页面的图像，而不是原始数据。幸运的是，你可以使用Microsoft Word或数据库管理器或快速程序纠正这个问题。（我们不会一一讲解每一个步骤，但我们会介绍你能实践的基本概念）。

---

① Dropbox是美国Dropbox公司提供的跨平台文件在线存储、同步及分享等服务。——译者注

　　如果你可以将信息导入数据库，那么在以"date"开始的每一行数据的开头可能都会出现一些没有意义的记录。例如，信息可能类似于你在图10-11中看到的内容。

　　但是，使用"where"子句，例如"delete all records where name like 'Date*'"，你就可以找到有问题的记录并删除。如图10-12所示，在DB Browser for SQLite中，你可以在执行查询语句时使用与更新表一样的%通配符，然后按照与更新表相同的过程来执行查询操作。

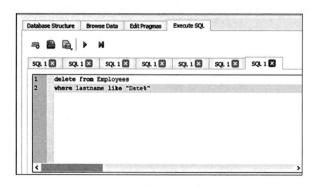

图 10-12　执行查询来更新表

数字与文本

　　若数据导入数据库时出现错误操作，可能会导致数字开头的0被截断，如果就这样导入数据，你可能会面临巨大的问题。例如，如果电子表格或数据库管理器将邮政编码或标识号导入数字字段，识别到以"0"开头的邮政编码，可能会因为"0"看起来毫无意义而删除邮政编码中的"0"，这将造成重大损害。

　　因此，如果记者使用以"0"开头的邮政编码（例如01776），单元格或者字段的格式为数字型，那么所有的邮政编码都将输入为4个字符（即1776）而不是5个。这些邮政编码不仅对邮寄地址无用，而且也无法在数据库间进行匹配。

标识号也会出现同样的问题。如果将员工的标识号"042325"放入数字型字段，则该标识号将显示为"42325"。这是不准确的，也会妨碍精确匹配。

避免这种危险的方法是始终将邮政编码、标识号和电话号码导入字符型或文本型字段。通常，将任何不需要做加、减、乘或除运算的数字作为字符型字段导入，电子表格或数据库管理器就会保存所有的数字。

包含日期的字段可能是另一个问题。记者为了确保正确地导入数据，要么使用美国格式（月份优先），要么使用欧洲格式（日期优先）。有时，他们为了让事情变得更加简单，就把日期分成三个字段（年、月和日）。还有人则将日期导入字符型字段。处理此问题需要的两种策略在前文已经提到了。

令人讨厌的字符

数据库可能包含令人讨厌的字符。它们可能是奇怪的笑脸，或是错放的逗号或分号。在将信息导入数据库之前，你可能希望清除字符，大多数程序可以轻松地做到这一点。

若使用 Microsoft Word，可以点击"编辑"[①]按钮下的"查找和替换"，然后在"查找和替换"输入框写下最基本的内容。假设你想要删除数据中的逗号，你就可以在"查找"框中输入逗号，在"替换"框中不需要输入任何内容，然后点击"全部替换"。

有一种更巧妙的编码方式可以做到这一点，Excel 中有很多工具，或

175

---

① Mac 系统中 Microsoft Word 2019 年版的"查找和替换"在"编辑"菜单中。不同的操作系统和不同的版本中"查找和替换"可能会在不同的菜单或工具区。——译者注

使用编写代码。长期以来，解析一直是在电子表格中执行数据清理的一种流行方法。解析是指在不同类型的数据之间绘制列（分隔）线。

你用电子表格打开文本文件时，你在第二章中看到的导入向导会查看文本并建议绘制列（分隔）线。如果文本文件是表格格式（即看起来像列），电子表格就可以快速地整理出数据。这对于处理从网上下载的小文件特别方便，使用电子表格你可以轻松地做到这一点。单击文本后，电子表格会在文本的列之间绘制列（分隔）线，还可以把光标放在列（分隔）线上并双击，列（分隔）线就被删除了。最后再次强调，没有一个数据库是完美或完整的，但这并不意味着它不能使用。

在 Excel 中，拆分字段是基于字段中间的逗号或空格，当你尝试匹配一个表中的名称与另一个表中的名称时会很方便。一个表可能把名字放在一个单独的字段中，把姓氏放在另一个字段中。但另一个表可能将姓和名放在同一个字段中，例如"Smith, John"。要使第二个字段中的名称在进行匹配时派上用场，就需要使用逗号作为标记，在 Excel 中将名字分为姓和名。

本书的内容不包括编码，但是美国国家计算机辅助新闻报道协会有很多关于这方面的手册可供参考，以及可以清理数据的程序，比如 Open Refine 和 Python。重要的是要知道数据清理是可以实现的。

本章小结

· 确保标识号以及邮政编码字段包含所有数字。

· 注意遗漏的单词。

· 仔细比对记录布局与实际数据。

· 在数据库管理器中使用文字处理器或者字符串函数来纠正错误。

- 了解数据库中应该有多少条记录。
- 当记录数较少时可以使用电子表格进行解析。
- 将数据库中的总数量与相关书面报告进行比较。

计算机辅助报道的应用

《华盛顿邮报》的系列报道《致命力量》（Deadly Force）获得了普利策奖。该系列报道是对美国联邦调查局（FBI）的补充杀人案报告（Supplementary Homicide Report，SHR）进行仔细审查后撰写的。记者的调查显示，当年的凶杀案补充报告数据中连一个"81"都没有。"81"是警察正当杀人的代码。我在其他年份的报告中也没有发现这个代码。

这表明数据集中的记录是不完整的。联邦调查局自身的文件提供了另一条佐证线索。比较文件中引用的记录数和数据库中的记录数，很明显记录数比预期少了287条。

与联邦调查局交谈后，我发现他们确实收集了"81"数据，但并未将其作为"标准发布"的一部分。提出两次请求之后，联邦调查局交出了另一盘包含数百条"81"信息的计算机磁带。原始数据非常惊人。只有少数几个城市（都比华盛顿大得多）的警察开枪并打死了很多人。最终，这些记录成为该系列报道的起点。

——乔·克雷文·麦金蒂,《华盛顿邮报》前记者，现就职于《纽约时报》

推荐练习

1. 获取美国联邦选举委员会捐赠者数据库的一部分，或者使用Tenncands

数据库。

2. 打开你自己的表或使用"捐赠者"表，复制一个副本，命名为"捐赠者2"，在这个新表中创建一个名为"职业2"（occupation2）的新字段。

3. 把表中"职业"（occupation）列中的所有职业复制到"职业2"字段。

4. 使用"Update"命令，将"职业2"字段中的所有"attorneys"和"lawyers"更改为"lawyers"，然后把所有的"doctors"和"physicians"都改成"doctors"。

177　　5. 使用"职业2"字段，按职业进行分组，汇总捐款总额。

第十一章　数据新闻和计算机辅助报道：利用数据进行报道和写作

> 通常最好的报道始于记者的直觉。在这个重要的方式上，计算机辅助报道与其他新闻报道没有什么差别。

——大卫·诺克斯（David Knox），《阿克伦灯塔报》（*Akron Beacon-Journal*）前记者

你有电脑、软件，并且知道审慎且熟练地使用计算机辅助报道技术可以制作出好的新闻报道。那现在该怎么做呢？

如果你不谨慎，就可能遇到严重的报道障碍，所以你应该弄清楚要写什么报道以及如何做。更糟糕的是，你可能会被大型数据库的复杂性吞没，注意力分散，以致你无法完成任何新闻报道。这个时候，需要停下来想想你从这本书中学到了什么。

计算机辅助报道并不是一项独立的工作，而是新闻采集过程（采访、观察和文档）的一个组成部分。在新闻业中，计算机辅助报道不断发展，提供了改进和增强当前新闻报道的技术，但不一定取代新闻报道的核心要素。

也许，最重要的是所有新闻报道都面临的挑战。你希望撰写一则新闻报道来回答的更大的问题是什么？数据是否有助于回答这个问题？你可以采取一些重要策略来应对所有这些因素。

179

小贴士 11.1　创建属于自己的数据库

最重要的是，计算机辅助报道应该适用于你感兴趣的写作主题。当你考虑使用一个或者多个数据库来撰写一篇新闻报道时，你应该像

在前几章中学到的那样来思考一些问题：

· 是否存对报道的深度、背景或者思想有用处的相关数据库？

· 你是否在 LexisNexis、美国调查记者编辑协会资源中心或者全球调查新闻网等数据库上查看过在线新闻报道，看看有没有人在计算机辅助报道中使用过数据库？

· 网络上的数据库可用吗？可以在网上对它们进行分析或者以可用的格式下载吗？

· 哪种软件适合分析（你下载的）数据库？电子表格还是数据库管理器？还是像 Tableau① 这样的可视化工具？

· 数据库是否由多个文件组成？

· 如果无法从网站上轻松获得数据库，那么谁在保存该数据库？管理其使用的记录公开法是什么？该机构或者实体发布数据的历程是怎样的？

· 如何使用数据库绘制图表？（选择）柱状图？交互式地图？还是其他可视化方式？

· 为了不让你的报道仅有"干巴巴的数据"，你需要介绍和采访哪些人？

· 你能不能到现场考察，然后将你的观察结果与数据进行对比？

· 你如何确保报道是公平的，不歪曲或者曲解你使用的统计结果和数据？

选择一个你认为可以完成的新闻报道主题

回顾其他新闻机构完成的报道，看看你能否应用他们的方法并获得类似的数据库来阐明你所在地区的问题。美国调查记者编辑协会资源中心发

---

① Tableau 是能够帮助用户查看并理解数据的商业智能软件。——译者注

布了数千篇数据报道，全球调查新闻网也在追踪国际报道。　

资源中心上的许多新闻报道入围了美国调查记者编辑协会的竞赛，该竞赛要求记者填写详细的参赛表格，说明他们是如何进行报道的，使用了哪些数据库和文件，以及他们面临的挑战。美国调查记者编辑协会扫描了这些参赛作品，你可以下载并查看。

选择一个你可以获取的数据库

一般来讲，记者在做数据报道时大部分时间花费在索取数据库、清理数据或建立数据库上。为了省去这个耗时的过程，你可以考虑获取一个以前发布过的数据库或者获取一个可以细分到地方级别的联邦数据库。

美国国家计算机辅助新闻报道协会（www.nicar.org）和 ProPublica（www.propublica.org）都有数据库，你可以根据自己所在地理区域或者特定兴趣从中提取数据。美国的 Data.gov 网站提供了大量可供下载的数据库。其中一些数据库对关于任何国家的报道都有用，但你也可以搜索自己国家维护的网站上公布的数据，或者你也可以从世界卫生组织、世界银行或联合国等国际组织的网站下载你自己国家或所在地区的数据。

如果你打算构建一个数据库，请遵循第九章中的指导原则，以免陷入数据输入的困境。你第一次着手做一个数据报道，你自己创建的第一个数据库应该较小且易于管理。

一些"第一次"的例子

如果你想看一些记者学习了计算机辅助报道技术后撰写的第一篇报道，你可以查看美国调查记者编辑协会的博客 Uplink[①]上发布的"首次冒

---

① 计算机辅助报道的时事通讯和博客目录，网址是 www.ire.org/blog/uplink。——译者注

险"（first ventures），这个博客不再更新，但有很棒的存档案例。

在印第安纳州《南本德论坛报》（*The South Bend Tribune*）就职的贾森·卡利科特首次尝试撰写数据报道时，采集了天气数据和停车罚单数据。他撰写了两篇新闻报道。他不仅发现当地居民在天气恶劣的日子里不太可能被开罚单，而且还发现军队征兵人员拖欠了该市数千美元罚款。

就职于犹他州《沙漠新闻报》的爱德华·L.卡特（Edward L. Carter）在获得关于市政员工薪酬和其他工作信息的公开数据后，撰写了一篇报道，揭示地方政府高层管理职位中女性管理者人数少。

就职于《匹兹堡论坛报》（*Pittsburgh Tribune-Review*）的马克·豪泽（Mark Houser）使用 Excel 工作表处理彩票销售数据，协助报道关于工薪阶层家庭的高销售情况以及与宾夕法尼亚州彩票系统相关的其他社会后果。

密苏里新闻学院的学生马克·格林布拉特（Mark Greenblatt）使用有关密苏里州桥梁状况的联邦数据库来协助他识别存在缺陷和不安全的桥梁，他因这个报道获得了美国调查记者编辑协会大奖。

伊利诺伊大学新闻专业的学生贾内尔·奥戴（Janelle O'Dea）收集了关于学校男生和女生联谊会消防安全检查的记录，发现了多次出现危险的违规行为。

从小处着手

有时，对某些记者来说，使用包含数十万条或数百万条记录的数据库是一件值得骄傲的事。但对大部分记者来说，一些最有效的报道可能仅仅来自几百条或几千条记录。

此外，从一个小型数据库着手就可以让你详细地了解信息。先寻找只包含几列名称或数字的数据库。然后，如果你真的需要或想要，可以手动抽查数据库，这样做会提高你对信息和技能的信心。

　　20 世纪 80 年代和 90 年代初，大多数数据库来自大型计算机磁带，必须下载并分解成更小的部分才能在个人电脑上使用。现在，笔记本电脑就可以处理下载的庞大的数据库。或者，你可以在在线表单中设置筛选条件（例如，城市和州），仅下载你需要的信息。

　　一些大型数据库，如人口普查文件，已经被分解成 Excel 或 CSV 格式的小型数据库。记者现在可以例行地使用小型人口普查档案来做关于城市的住房、收入、交通或种族多样性的报道。

182

建立自己的数据库

　　如第十章所示，建立自己的数据库并不难。如果你创建了自己的数据库就向一篇成功的新闻报道迈出了 3 步。

　　第一，你获得了数据并组织数据，自然而然你就会熟悉这些信息。

　　第二，数据输入是非常乏味的，因此你可以限制信息的数量，并保持其相关性。

　　第三，如果你建立了别人没有仅自己独有的数据库，那么你可能会发现一则独家新闻。请记住，数据库不必有数百条甚至数千条记录。我建立的两个最有用的数据库的记录都少于 150 条。

　　20 世纪 90 年代初，记者卡尔·伊兹沃格（Karl Idsvoog）和科基·约翰逊（Corky Johnson）在展示建立数据库的有效性时设立了一个标准。他们利用自己创建的数据库发布了犀利的调查性报道，内容包括县政府出售报废汽车以及当地住房中介机构的浪费行为。

　　在《哈特福德新闻报》工作时，环境作家丹尼尔·琼斯（Daniel Jones）、研究员利娅·西格尔（Leah Segal）和我建立了一个关于制造商排放有毒化学物质的小型数据库（我们得知 9 个月后政府官员才能发布他们的数据库，决定自己创建数据库）。通过这个数据库，我们了解到公司是如何填写纸质报告的；我们还了解到根据行政决定，该州在报告中没有提到 20% 的排放量。好几个月来，没有人拥有类似的信息，因此我们用该数据库撰写了几篇独家报道。

将数据库与你的知识相匹配

尽管你可以使用电子数据库学习和探索新的主题，但最好从你了解的领域着手。一种方式是确定要包含的信息及其用途后建立自己的数据库，另一种方式是获取自己了解的主题和相关主题的（他人）数据库。

数据库是现实的一面镜子，但一面镜子难免有瑕疵。你需要了解镜子有多大的瑕疵以及图像失真的程度。这就是为什么最好获取你的擅长领域或专业领域的数据库，而且几乎每个领域都有许多在线和离线的数据库。若你了解背景知识，数据库可以（帮助你）发现问题或为新闻报道提供一些提示。

如果你发现数据库中存在缺陷，就必须决定值不值得清理这些缺陷以及需要多长时间清理。有些数据库不进行清理就无法使用，因此，你需要评估做这项工作所需的时间和精力。如果是地理位置名称标准化问题，那么数据清理工作很容易。如果是将 1 列字段解析为 3 列，可能需要更多的时间，但也可以很快完成。

如果你报道一个不熟悉的主题，那就请与一位了解这个主题的记者合作。在撰写一篇司法报道时，我和法院记者一起工作。涉及其他领域时，我会与环境记者、医疗记者、市政厅记者或政治记者合作。他们能指出数据库中的问题，也能辨别数据中的模式和线索。

最低限度报道

刚开始时，如果没有考虑最低限度报道，你千万不要获取数据库。我所说的"最低限度报道"指最可靠、最基本的可用报道。这个方法是由著名的调查编辑罗伯特·W.格林（Robert W.Greene）提出的，其他经验丰富的资深记者已经在各种报道中使用并传播了这一方法。

如果你有关于政府工作人员工资的数据库，你就可以确信能撰写一则关于平均工资、工资中位数以及谁的工资最高和谁的工资最低的报道。如果你获得了历年房价数据库，可以确信你能撰写一则关于房价变化和趋势的报道。如果你有关于犯罪的数据库，毫无疑问你能报道犯罪增加和减少的情况。如果你有关于政治捐款的数据库，你就可以撰写一则关于谁捐款最少、谁捐款最多以及捐赠者籍贯的报道。

这些都是最低限度报道，它们并非总能成为当天的头条新闻，但它们是可靠的，让你能够从事有意义的新闻工作。它们还为你提供了支持后续报道的数据库基础，或者可以与新的数据库结合来挖掘更好的报道。此外，最低限度报道还会显示你对该主题感兴趣的潜在信息来源。 184

跟上其他记者的工作

很多记者会陷入一种争论，认为以前有过类似的报道。坦率地说，以前已经有很多相似的报道了。但这并不是重点，真正的问题在于你的报道是否精彩，以前的报道内容是不是全面且正确，你的数据资料在你工作的地理区域有没有现实意义，以及你的报道是否建立在以往相似报道的基础之上。前面提到的一些例子很有趣，比如关于工资、消防安全检查和停车罚单的报道。

这同样适用于数据库使用。毕竟一个社区的记者可以很好地了解谁在该社区卖枪。也许没有什么令人震惊的新闻，只是一个有趣的问题而已。但你可能会获得与其他记者相似的关于自己所在社区的数据库，发现许多枪支经销商是警察，一些警察把枪支卖给了被定罪的重刑犯。重要的是数据库的质量和你用它来做什么。

　　因此，努力跟上其他记者的工作脚步是很重要的。当你读到或听说某位记者使用了你可能感兴趣的数据库或在线资源时，查看这些报道，确定这些来源是否适用于你自己的情况。你也可以打电话或发电子邮件询问该记者关于数据库的建议。

　　美国国家计算机辅助新闻报道协会和全球调查新闻网提供了许多资源来展示记者如何研究数据报道以及使用了哪些数据库和软件。比如，美国国家计算机辅助新闻报道协会的电子邮件列表服务 NICAR-L 及其期刊。另外，非营利性调查性报道新闻编辑室也会解释它们如何在报道中使用数据，如 ProPublica（www.ProPublica.org）和《卫报》。

将数据库融入日常工作

　　尽管有些记者只在长期项目中使用数据库，但你应该尝试将数据库的使用融入专题报道和有截止日期的报道。事实上，调查记者帕特·斯蒂思（Pat Stith）总是有灵感，他曾是《罗利新闻与观察家报》的长期调查记者，也是计算机辅助报道的先驱。他提出了一个很好的建议，他说："我们将使用数据库来创作或改进每天的头版报道。"

　　这个声明的"改进"部分对刚开始探索计算机辅助报道的记者特别有用。通过添加在线搜索、小型电子表格计算和使用数据库管理器处理的汇总数据来悄悄地改进你的报道。你将使自己的日常报道与专题报道具有深度和背景，使每则报道都更加重要、信息更加丰富。

寻找合作伙伴

　　如果可能的话，找一个合作伙伴一起学习。对于任何新的思维方式和看待信息的方式，与人交谈和讨论问题的解决方案都是有帮助的。"伙伴系统"让你保持专注，也有助于防止发生错误。当你做第一次查询或计算时，有一位友好的同事跟你并肩作战会节省你大量的时间并省去很多麻烦。另外，帮助别人也会让你学得更快。

熟悉数据编程领域

因为你正在学习一门新的学科，所以需要花时间去阅读关于计算机硬件、软件、数据库和编程语言的文章及图书。这些文章和图书可以帮助你学习专业术语，找到可能帮助你把工作做得更好的工具。

你还应该结识从事编程工作的人，但不是记者或刚进入这一领域的人。对于困扰你和其他记者的问题，他们往往能迅速给出答案。除了美国国家计算机辅助新闻报道协会，还有一个非常优秀的团队叫作"Hacks"（或Hackers）（这是对"记者和程序员"的简称），其网站地址是https://hackshackers.com/。他们会举办"聚会"来更快地交换信息。关于软件、社会研究方法和公共数据库的论坛也充满了有用的操作技巧和报道灵感。

寻找小窍门

当你开始做这些类型的报道时，保持一个小而精准的焦点，但是不要忽视数据库中潜在的有价值的报道或提示。当你完成了最低限度报道，花上半个小时回过头仔细查看数据库。（你可以用计时器定时半小时，否则你可能在不知不觉中度过半天或一整晚。）

小窍门包括搜索特定的单词、寻找"异常值"、使用"分组"功能创建汇总数据、计算百分比或者只是浏览数据库来寻找趋势和模式。通常，浏览数据库会产生一则好报道。

撰写报道

记者们开始写报道时，往往会被统计数据和数字压得喘不过气。正如人们常说的那样，你无法通过记笔记来整理自己的思绪。

在整个报道过程中，特别是在处理数据、数字和统计数据时，你需要总结。正如《纽约时报》的萨拉·科恩所敦促的那样，请考虑这些问题：哪些数字是报道核心中最重要的？是像 5000 这样的原始数字吗？是比率、比例，还是百分比的增长？

如果可能的话，关键数字应该是报道前几段中的唯一数字。最有可能的是，你会使用其他数字，但其中许多数字应该以图表或地图进行可视化。否则，读者或观众会不知所措。如果你认为数据具有参考作用，你也可以在单独的文件中列出网站上的所有数字。

如果你发现了最重要的数字，你能想到的最好案例是什么？如果你以一个案例的轶事作为报道的开头，这个数字应该代表你在数据中发现的模式或异常值。

有时，在复杂的报道中，你需要解释你是如何研究的，你使用了哪些数据。除了主要的报道内容，你可以提供方法和数据上的细节，让你的报道更可信。你也可以把整个数据库放到网上，以便其他人可以查看你的数据，或者寻找其他报道，或者评论你的报道。

此外，你需要走出去看看自己报道的对象。如果是有毒垃圾，那就去看看有毒垃圾。如果是学校，那就去参观一下学校。如果是小企业，就去小企业进行采访。数据工作的关键是做必要的实地考察和跑腿工作。请记住，好报道是与民众有关并为民众而写的。

优秀的报道与职业道德

请记住，新闻采集、处理数据务必准确且公正。有很多政客、研究人员与倡导者迫切希望使用和宣传能够支持他们立场的数据。但作为一名独立记者，不仅要揭露他们对数字的操纵，还要防止看到自己希望看到的数字。

通常情况下，如果数据库不支持你的初始假设，那么就能撰写一则好的报道。不管怎样，唯一的好报道是准确地总结你的发现。

撰写新闻报道时，在采访期间你应该愿意分享自己发现的重点，并倾听和考虑不同的观点。另外，要注意"潜在变量"，也就是那些可能会扭曲数据含义的其他因素。在你发布报道之前发现自己的错误比在公众看到报道之后发现错误要好得多。

在我们关于根据种族设置保释金数额的报道中，法院记者杰克·尤因和我一直试图扮演对数据"故意唱反调的人"，并提出反对我们初步调查结果的论据。让你的编辑或同事帮助你批判性地看待自己的工作。

最后，当撰写完报道后，你要从头到尾逐行复查事实。尽可能将事实与数据、文档联系起来，并在适当的地方添加注释。始终提供在线数据资源或已发布数据资源的完整信息。

保持好奇与兴奋

对你的报道保持好奇和兴奋。数据的持久吸引力在于，你可以用自己从未想过的方式来做以前从未做过的报道。此外，还要同时具有创造性和责任感，为公众提供对问题最好和最准确的看法。

小贴士 11.2　应用计算机辅助报道技术撰写报道

以下是使用计算机辅助报道技术来撰写新闻报道的步骤概要：

1.提出一个假设或者问题来开始新闻报道。

①你从某人或者其他渠道得到一些提示。

②对你已有的数据进行分组和排序来查看可能的趋势、模式或异常情况。

③你在你的社区观察到一个事件或情况。

2.列出需要采访的人员、访问地点以及要分析的数据库和文档。

①人员可能包括专家、机构或社区的成员，以及相关数据的管理员和用户。

②地点包括数据涉及的机构、企业、社区或者网站。

③数据库是那些已经创建的或者需要使用文档或根据自己的观察来新创建的数据库。你需要合适的软件来处理现有或者新创建的数据库。

3.为你的清单排列优先顺序并制定完成清单的时间表。

①尽早提出索取所有公开记录的请求。

②如果可以的话，在工作之初首次运行数据之后就计划采访一些特定人员，通常选择数据库管理员。（在实地考察、进一步的数据分析和其他采访之后，可能还需要再次采访同样的人员，见下文。）

③采访结束后你要再次进行数据分析来寻找数据和方法中的缺陷。

④你可能需要在分析数据之前和之后进行实地考察，数据分析会帮助你集中注意力。

⑤你需要考虑到清单上的访谈、实地考察和数据分析的相关工作可能会增加，因此可能需要重新制定时间表。

4.撰写新闻报道

①总结你的数据工作，并确定哪些是关键数字，哪些内容应该以图表或地图的形式进行可视化呈现。

②总结你的采访以及实地考察的情况，决定最能代表你的报道与

数据分析结果的人物和事件。

③对照相关数据的外部报告来检查你的数据发现，并咨询专家或者熟悉数据的人再现你的发现。

④确定使用恰当的语气来概述你的报道。

⑤作为验证过程的一部分，准备重新采访一些人以及重新做数据分析。

⑥撰写报道。

⑦逐行检查报道中的所有事实，如果一些内容有帮助，请使用脚注进行补充。

⑧准备好为你的方法论进行辩护。

⑨在你发布或者播出报道之前做好可能的后续报道计划。

本章小结

· 专注于与你了解的主题相关的数据库。

· 确定对你的报道有用的已有且可用的数据库。

· 根据需要建立自己的数据库。实践计算机辅助报道的新手从小型数据库着手。

· 查看其他的计算机辅助报道是如何完成的。（提示：美国调查记者编辑协会、美国国家计算机辅助新闻报道协会、全球调查新闻网和其他来源都共享了有关数据报道及其完成方式的信息。）

· 使用伙伴系统，同事的观点可以使一切变得不同。

· 把数据库当作"线人"，就像那些不管好事还是坏事都会给你通风报信的人。

· 将计算机辅助报道融入你的日常新闻工作。

计算机辅助报道的应用

参加美国国家计算机辅助新闻报道协会新手训练营后不久，我就找到了新技能的用武之地。

事实上，计算机辅助报道已经成为我的日常方法。当我寻找信息时，我首先要问，记录是如何保存的，或者这些记录可以追溯到多久以前？整个过程永远像一场冒险。

190

一则关于学校设备丢失报道的初始线索来自固定资产部门。我们请求学校提供丢失设备的清单。

他们拒绝以电子方式提供，而是以书面形式给我们提供了清单。这份清单显示在5年时间里学校总共丢失了价值250万美元的设备。我把所有信息输入Excel电子表格，把总数加起来，计算出随着时间的推移上升或下降的百分比，然后对数据进行排序，查看哪些学校丢失的设备最多，并查看丢失最频繁的物品。结果发现，丢失物品包括录像机、电脑、电视和乐队设备。其中两件最不寻常的物品是一台约翰迪尔拖拉机和一台步入式冰箱。我们的报道引起了不小的轰动，学区随后进行的审计显示，问题比我们报道的还要严重：价值420万美元的设备不见了！

——乔·埃利斯（Joe Ellis），美国KMOL电视台

推荐练习

1. 研究美国调查记者编辑协会资源中心网站（www.ire.org/resourcecenter）上已完成的数据报道。

2. 阅读美国调查记者编辑协会网站保存的记者报道、参赛作品或技巧清单，了解其他记者如何在报道中使用数据。此外，可以浏览由欧洲

新闻中心运营的全球调查新闻网和数据驱动新闻中心的资源（http://datadrivenjournalism.net/about）。

3. 从美国人口普查局或者世界银行下载 3 个包含你感兴趣的主题信息的 Excel 工作表。 191

附录 A 　地图数据简介

地图数据主要是指能叠加到有地理位置信息的地图上的列信息和行信息[1]。做好这一点，你就可以为自己、读者以及观众快速地展示数据的含义。

例如，使用地图软件，你可以在街道地图上放置表示汽车事故发生位置的点，然后在某些发生了一系列事故的十字路口就会一下子变成一簇簇的点，你就能看到哪些十字路口是危险的。

在本附录中，我们将介绍地图软件 [也称为 "地理信息系统"（GIS ）] 的基本用法，以及一些你可以用来进行数据可视化的技术。

现在，新闻报道里有源源不断的地图案例，因为地图数据已经迅速从偶尔使用发展为常规使用。你可以轻松地将行和列数据上传或导入在线 GIS 软件或你电脑上安装的 GIS 软件。

还有其他几种不同类型的地图软件可供新闻工作者使用。其中包括流行的 Google Fusion Tables[2] 或谷歌地图（Google Maps ）、Tableau、QGIS，以及使用时间长久的 ESRI 产品，如 Arc Online 及微软附加组件 ESRI Maps。

此外，还有更多的网站（尤其是政府网站）同时提供数据和地图软件，你可以直接在这些网站上绘制地图。

凭借地图软件选择的多样性和易用性，世界各地的记者都制作了数据地图来揭示酒后驾驶、财产和暴力犯罪、银行和保险歧视、山体滑坡、移民、环境危害、彩票销售、学校考试成绩、受损建筑物、健康问题、"白人

---

① 　行信息和列信息常常就是地理位置对应的经纬度。——译者注

② 　谷歌的 Google Fusion Tables 已经于 2019 年 12 月 3 日停止服务。——译者注

群飞"①以及受损桥梁和大坝问题。

总体而言,30多年来,新闻工作者一直在制作数据地图。20世纪90年代,新闻工作者开始更频繁地披露数据。1992年飓风"安德鲁"②袭击佛罗里达州,佛罗里达州受到巨大破坏和高昂损失。针对它造成的后果,《迈阿密先驱报》的计算机辅助报道记者史蒂夫·多伊格制作了一张数据地图,在地图上将风速报告信息覆盖到超过6万份建筑物受损检测报告的信息上。视觉效果令人惊叹。

记者期望发现飓风以高风速过境的地区会有大量的建筑物受损,而以低风速过境的地区的建筑物受损较轻。但是多伊格制作的地图显示,某些飓风以较低风速过境的地区建筑物依旧损毁严重。该地图为多伊格和《迈阿密先驱报》的其他记者提供了调查不良建筑和建筑物检测做法的线索,尤其是1980年以后的情况,这项工作揭露了(政府的)无能和腐败,《迈阿密先驱报》也因此赢得了普利策奖。

记者将与报道主题有关的风速等数据导入地图软件,就像使用数据库管理器一样,将表中有关风速的关键字段(如经度和纬度)与模板表中的经度和纬度相匹配。

多伊格说:"绘制地图是一种快速而有效的方式,它可以获取一大堆原本无法理解的信息并从中找到模式。"

多伊格和其他人的冒险激发了世界各地的记者撰写了数以千计使用数据地图的新闻报道。

2011年,英国《卫报》绘制了一系列有影响力的关于英国城市爆发

① "White flight",经常翻译为"白人群飞"、"白人外迁"或"白人争夺战",这是在20世纪60年代美国社会经常出现的一个用语。表示在种族隔离制度结束后,一些白人如同候鸟群飞一样,纷纷离开大都市,搬到富裕郊区的现象。——译者注

② 1992年8月,飓风"安德鲁"重创美国和巴哈马,飓风以风力时速270公里的5级飓风强度登陆佛罗里达州,该州南部遭受的破坏程度最为严重。风暴导致65人死亡,造成超过260亿美元的损失。——译者注

骚乱的地图，其中一张地图上覆盖了疑似骚乱者的住址和（当地）贫困
194 数据。

横向匹配

绘制数据地图的主要概念与你在数据库管理器中遇到的相同，即匹配。在第七章中，我们在 Microsoft Access 的可视化界面中介绍了匹配。使用地图软件，你可以考虑将一层数据覆盖到另一层之上，而不是在字段之间画连接线。

那么，让我们使用数据来具体说明如何绘制数据地图。

在第一个案例中，我们将使用 Google Fusion Tables 来查看本地火灾数据集。

伊利诺伊州香槟市的建筑火灾数据集很简单。做了少量数据清理后，我们将数据集转换为包含 2009 年以来每场火灾的发生日期、发生时间和
195 位置信息的 3 个列，如图 A-1 所示。

C2 | 1302 Hickory ST Champaign, IL

	A	B	C
1	Alarm_Date	Alarm_Time	Address
2	1-Feb-09	14:29:03	1302 Hickory ST Champaign, IL
3	2-Feb-09	6:53:09	602 W Marketview DR Champaign, IL
4	15-Feb-09	20:13:33	1008 N Willis AVE Champaign, IL
5	17-Feb-09	21:48:00	902 E University AVE Champaign, IL
6	18-Feb-09	23:47:59	1703 W White ST Champaign, IL
7	28-Feb-09	18:42:31	409 Chalmers ST Champaign, IL
8	19-Mar-09	16:05:40	2003 W John ST Champaign, IL
9	24-Mar-09	20:26:16	401 E John ST Champaign, IL
10	5-Apr-09	11:35:52	621 Crescent DR Champaign, IL
11	6-Apr-09	15:27:52	1609 W Clark ST Champaign, IL
12	12-Apr-09	2:37:37	1203 S Fourth ST Champaign, IL
13	20-Apr-09	4:09:14	1519 Holly Hill DR Champaign, IL
14	7-May-09	15:00:26	308 S First ST Champaign, IL
15	9-May-09	14:30:40	2403 W Kirby AVE Champaign, IL
16	30-May-09	9:35:15	1401 N McKinley AVE Champaign, IL
17	1-Jun-09	14:51:20	304 E Hill ST Champaign, IL
18	15-Jun-09	11:43:35	53 E John ST Champaign, IL
19	30-Jun-09	5:55:52	1512 N Mattis AVE Champaign, IL
20	3-Jul-09	5:52:36	402 S Elm ST Champaign, IL
21	5-Jul-09	1:49:51	303 Holts DR Champaign, IL
22	6-Jul-09	11:26:41	1721 Henry ST Champaign, IL
23	11-Jul-09	2:15:52	57 E John ST Champaign, IL
24	23-Jul-09	3:37:46	2004 Sangamon DR Champaign, IL
25	24-Jul-09	10:37:58	505 E Armory AVE Champaign, IL
26	25-Jul-09	0:37:29	908 W Church ST Champaign, IL

图 A-1 伊利诺伊州香槟市的建筑火灾数据集

将电子表格上传到 Google Fusion Tables 之前，我们需要注册一个免费的谷歌云端硬盘（Google Drive）账号，获取在线文件空间和 Google Fusion Tables。注册账户后，你只需单击 Drive 图标，如图 A-2 所示。

图 A-2　单击 Drive 图标

单击 Drive 图标，然后单击"新建"（Create）按钮，在选项中选择"Fusion Table"，如图 A-3 所示（有时必须将 Fusion Table 添加到你的谷歌云端硬盘）。

图 A-3　创建"Fusion Table"

单击"Fusion Table"，你将进入一个能够连接本地计算机文件、你的谷歌云端硬盘或网站地址的界面，或者创建一个空白表。在本例中，我们浏览本地计算机文件夹，找到名为《香槟市火灾报告》（Champaign Fires Reports）的电子表格（见图 A-4）。

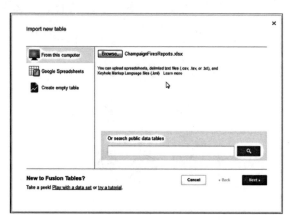

　　　　　　　图 A-4　选择浏览本地计算机文件夹

　　单击"下一步"（Next）按钮，我们就会进入显示电子表格的界面，然后再次单击"下一步"按钮，如图 A-5 所示。

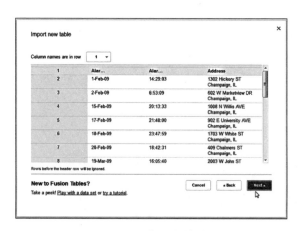

图 A-5　显示电子表格的界面

　　然后，程序将带你进入最后一个导入界面，如图 A-6 所示，你可以为文件添加说明，然后单击"完成"（Finish）按钮。

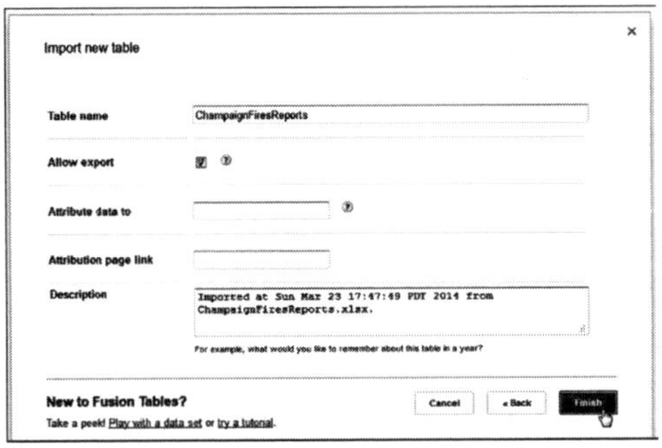

图 A-6　导入界面

如图 A-7 所示，单击"完成"按钮时，文件将导入 Google Fusion Tables，导入的内容最初显示在类似于电子表格的"行"（Rows）选项卡上，且选项卡会自动突出显示。（该程序将选择最有可能作为位置信息的列，有时你不得不选择其他列或重新排列数据）。

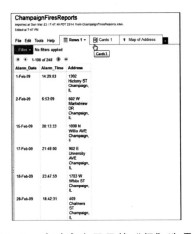

图 A-7　自动突出显示的"行"选项卡

单击"地图位置信息"（Map of Address）选项卡时，程序将开始对数据进行"地理编码"，将位置与地理信息模板（即地图）进行匹配。每种地图绘制软件都有这个过程，但形式不同。从图 A-8 中可以看到，该程序还让你知道有没有不明确的地理位置。

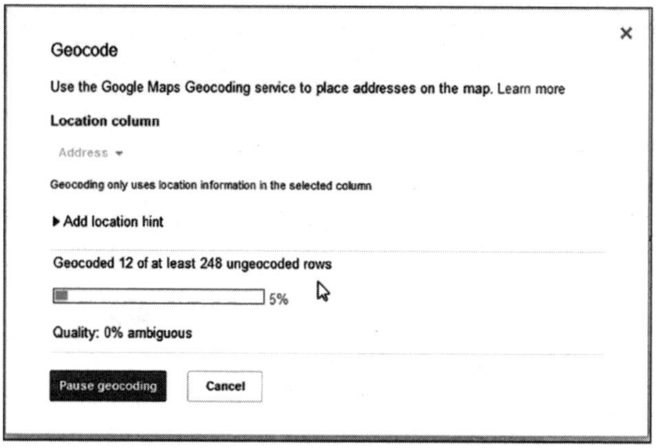

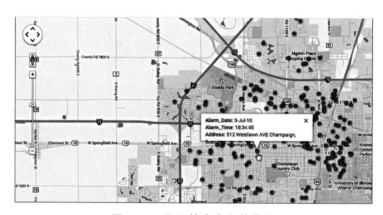

图 A-8　不明确的地理位置

　　地理位置编码完成后将显示一张地图，你可以滚动鼠标、移动光标放大地图。现在可以看到过去 5 年里香槟市发生的每场火灾在地图上都显示为一个红点。现在你可以进入查看模式，如果需要，你可以单击某个点来获取相关火灾的信息，如图 A-9 所示。

图 A-9　显示某次火灾的信息

　　如果查看一个更常规的模式，可以切换到"热图"（Heat Map）模式，该图不代表火的热度，而是用色彩强度来表示火灾的聚集程度（见图 A-10）。

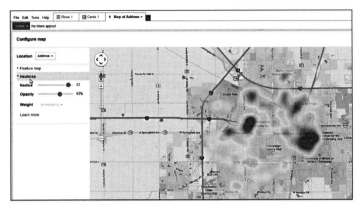

图 A-10 "热图"显示模式

200

使用不同位置数据的地图

经度和纬度数据通常比街道地址更准确。在本例中，我们将使用 ESRI Maps 软件 ①，它可以添加到 Microsoft Excel。使用 ESRI 软件绘制地图的优势在于，许多政府机构和数十万人使用了很多年，并且有很多现成的街道、河流、地形以及其他地理特征的地图图层。

在本案例中，我们从伊利诺伊州环境网站下载了有关地下储罐（通常是老式的石油储罐）泄漏汽油或其他生成物污染附近地下水的数据。数据集如图 A-11 所示。

登录用户账户，单击"插入地图"（Insert Map）图标，转到可以上传数据的界面。如图 A-12 所示，创建地图时，你可以从自己的文件（在本例中是 CSV 格式的地下储罐泄漏文件）中选择地图图层或使用现有的地图底图。

---

① 软件官方网站地址是 https://www.esri.com/en-us/home，中文官网地址是 https://www.esri.com/zh-cn/home。——译者注

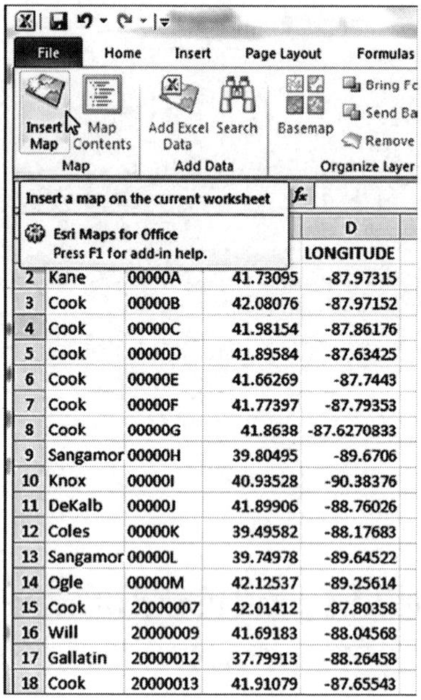

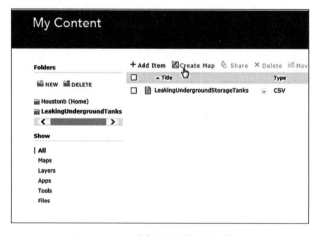

201 图 A-11 地下储罐污染附近地下水的数据

图 A-12 选择上传的文件界面

如图 A-13 所示，单击“创建地图”（Create a Map）图标后，你可以添加一个图层，然后选择地下储罐泄漏数据来上传文件。

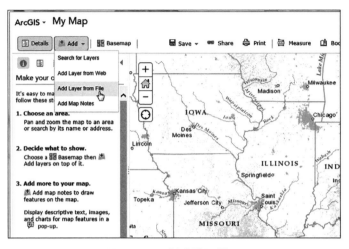

图 A-13　创建地图界面

　　如图 A-14 所示，当你按照通常的导入步骤添加文件时，你会获得用经度和纬度来标识位置的点。然后你可以添加一张街道和高速公路的底图。

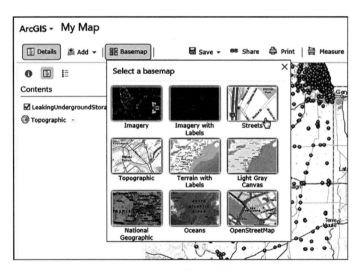

图 A-14　添加底图

　　单击街道底图，你可以看到高速公路和无名街道甚至溪流，这样就可以着手制作关于泄漏的地下储罐群及其与地下水的接近程度的报道。

附录 B 社交网络分析简介

在本书中，我们回顾了目前新闻工作者在撰写新闻报道时使用的最基本的数据分析方法。但是，新闻工作者已经开始越来越频繁地使用一种社会科学领域的研究方法，即社交网络分析，这是一种用于分析社会结构的方法。

随着诸如脸书和推特之类的社交媒体兴起，社交网络分析重新流行、引起人们的兴趣也就不足为奇了。

然而，社交网络分析方法应用于新闻报道的最早例子之一发生在1976年，调查记者唐·博尔斯（Don Bolles）死于汽车炸弹袭击后，新闻工作者开始调查亚利桑那州凤凰城的有组织犯罪和公共机构腐败。在被称为"亚利桑那项目"的调查过程中，新闻工作者与亚利桑那大学的一位教授合作，绘制了一张社交网络图来说明一个非正式的政客和商人团体（称为"凤凰40"）的力量。应用社交网络分析，新闻工作者获得了关于腐败体系基础的社交"路线图"。

但是，直到21世纪初，社交网络分析才开始成为计算机辅助报道不可或缺的一部分。在一个例子中，密苏里大学的两名研究生杰米·多德尔（Jaimi Dowdell）和阿龙·凯斯勒（Aaron Kessler）于2004年与《堪萨斯城星报》（*The Kansas City Star*）合作制作的一个社交关系网显示美国政府认为一家救济机构、密苏里州哥伦比亚市的一个特工与恐怖分子本·拉登有关系。

2007年，当时在《橘郡纪事报》（*The Orange County Register*）工作的罗纳德·坎贝尔（Ronald Campbell）用10000多页的法庭记录、财务报告和其他文件展示了一个被监禁的慈善电话推销员创建的关系网，这个网络旨在为慈善事业筹集资金，并称"除了 7 美分外，其余捐款全部用于慈善事业"。他与多媒体工作人员杰弗里·安德森（Geoffrey Anderson）合作，在网页上添加了一个交互式社交网络分析工具，如图 B-1 所示。

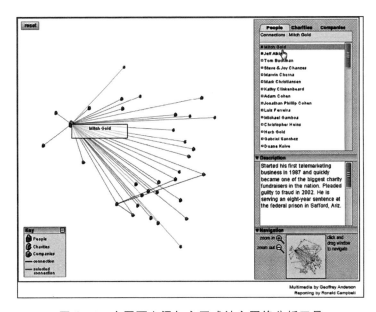

图 B-1　在网页上添加交互式社交网络分析工具

"米奇·戈尔德（Mitch Gold）的故事就像一团意大利面，涉及数十个角色、许多公司和非营利组织（其中一些是合法的，一些是欺诈性的）以及几个州"，坎贝尔回忆道。

坎贝尔说："刚开始的时候，我唯一认识的就是中心人物米奇"，"社交网络分析为我提供了一个工具，我可以将所有内容连接在一起，了解哪些角色和公司最重要，哪些是外围角色。这种理解又反过来引导我撰写报道。"

《有组织犯罪和腐败报告》（The Organized Crime and Corruption Report）定期使用社交网络分析追踪国际洗钱活动。

在另一个例子中，《华盛顿邮报》应用社交网络分析报道了洛杉矶地区一批似乎是外国学生"签证工厂"①的语言学校。该报使用学生签证数据库进行调查，结果显示洛杉矶地区共 22 所相关语言学校协助学生获得了 33000 份签证，其中许多签证的有效期长达 2 年。

关系可视化

其他许多行业已经使用社交网络分析有一段时间了，使用者包括商业顾问、情报机构和执法机构、公共卫生调查员、社会学家和人类学家。

研究人员使用 NodeXL、Gephi 或 Pajek 等免费或廉价的计算机软件观察社会结构。研究人员使用软件和数学分析方法基本上可以绘制出关系图、关系强度以及这些关系在所观察的社会结构中的位置。

正如在密歇根州立大学讲授这一课题的肯·弗兰克（Ken Frank）所说："网络分析基于一种直观的观念，即个体生活中显现出的重要特征呈现为一定模式。网络分析人士认为，个体的生活方式在很大程度上取决于其如何与更大的社交网络联系。"

社交网络分析概念在 20 世纪 30 年代开始发展，但在 20 世纪 70 年代计算机图形学问世后才向前迈进了一大步。

在数据方面，通常分析调查数据时使用这一方法。例如，康涅狄格州哈特福德市的公共卫生研究人员跟踪谁从谁那里购买海洛因、哪些人一起注射海洛因以及种族如何影响海洛因使用，并绘制了关系图。他们通过调查海洛因使用者来收集数据。调查结果就是用于社交网络分析的数据集。

2001 年世界贸易中心遭到恐怖袭击后，新闻工作者和公众对社交网络分析有了更多的了解。商业顾问瓦尔迪塞里·E. 克雷布斯（Valdis E. Krebs）是这种方法的实践者，他使用公开资源（报纸上的信息）迅速勾

---

① 指专门用来赚取国际学生学费，但提供的教育价值很低，主要目的是帮助国际学生获取签证后进入美国劳动力市场。——译者注

勒出参与袭击的 19 名恐怖分子可能的关系和组织网，并直观地描绘出他们的联系。

　　克雷布斯发表了一篇名为《恐怖组织网络地图》的文章，介绍了他用自己的计算机软件绘制的关系图，如图 B-2 所示。

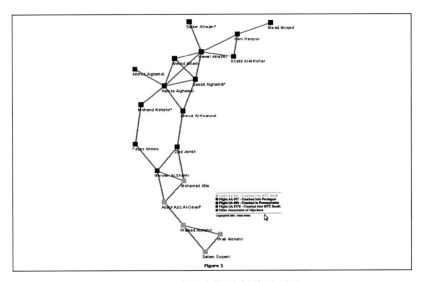

图 B-2　克雷布斯绘制的关系图

　　这张图及其他图表旁边是每个恐怖分子的颜色代码，标明他们发动袭击的航线。根据公共范围的记录，如剪报和执法部门透露的消息，这些关系图显示了哪个恐怖分子与哪个恐怖分子见过面，恐怖分子的接触频率及属于哪个恐怖组织，每个基层组织如何隔离以确保保密性。

　　这是使用社交网络分析的一个生动示例，展示了关系可视化的功能，尤其是在大型数据集中。

208

查看数据的不同方式

　　与你学到的其他计算机辅助技术一样，社交网络分析也有自己的语言，并且可能因软件而异。本质上，所有软件都使用点表示人员或机构，用线表示连接。在某些软件中，这些称为"节点"和"连接"，或称为"顶点"和"边"。

社交网络分析查看信息的方式也不同于传统的列和行。在常规工作表中，每一列都是一类信息，每行都是一条记录。但某些社交网络软件会创建一个矩阵，矩阵的行和列分别显示个体和机构，若个体和机构有关系，则行、列交叉对应的单元格标记为1，否则单元格标记为0。

然而，免费的社交网络分析软件 NodeXL 是 Microsoft Excel 的一个附加组件，它使数据输入变得更加简单。

打开 NodeXL 工作表后，我们输入了虚构的担任各类董事会成员的公司高管姓名及其所任职董事会的公司名称。他们的姓名在"顶点 1"列，所在的董事会名称在"顶点 2"列。如图 B-3 所示，请注意屏幕的底部，显示正在"Edges"（边）工作表选项卡中输入数据。

图 B-3 "边"工作表选项卡

如图 B-4 所示，点击屏幕底部的"顶点"工作表选项卡，我们可以使用相应"顶点"的名称标记顶点，这些信息就会显示在最终的图表上。[①]

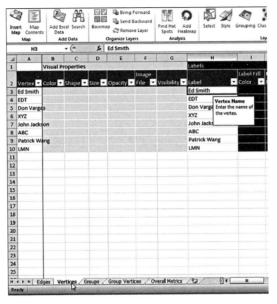

图 B-4　"Vertices"工作表选项卡

　　输入所有的名称后，将它们放入一个图形或表格中。这虽然涉及几个步骤，但简单操作即可生成基本图表，如图 B-5 所示。

210

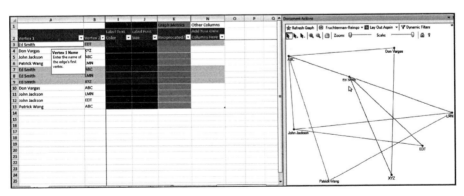

图 B-5　生成的基本图表

---

① 为最终图表的各个顶点添加标签，标签内容是"顶点"中包含的董事会成员的名字。——译者注

正如你在这个小型数据集中容易看到的那样，其中一些高管也是彼此公司的董事会成员，而埃德·史密斯（Ed Smith）任职的董事会最多。

近年来，商业记者深入研究了董事会中相互关联的董事职位和潜在的利益冲突所引发的问题。一个著名的项目是"他们统治"（They Rule），这个项目使用了一个非常方便的交互式工具，可以查看100家公司的董事会，如图 B-6 所示。

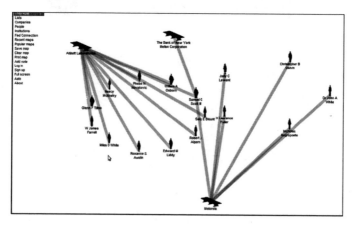

图 B-6 著名的项目"他们统治"

新闻工作者和技术人员创建了用于社交网络分析的网站"Muckety.com"。虽然现在这个网站关闭了，但是网站的"About"页面很好地说明了他们所做的事情，如图 B-7 所示。

依据数据集以及数据分析，社交网络分析关系图的作用可能远远超出目前为止显示的关系图本身。专家使用数学技术来确定人际网络中个体或机构的重要性，衡量人际关系的距离和亲密程度，还可以看到人际关系之间的分离度 [1]。

---

[1] 度的概念来自图论，指和某个节点相关联的边的条数。此处表示在一个人际网络图中 A 点到 B 点要经过几条边（即几个人）。——译者注

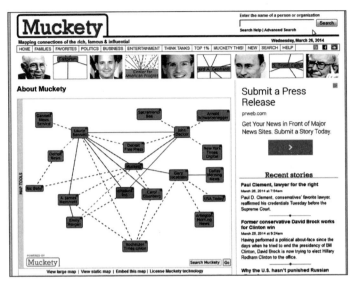

图 B-7　网站 "Muckety.com" 的 "About" 页面

社交网络分析的基本方法也有助于理解决策和政策是如何制定的。它能够展示人际网络中人们是如何互动的，互动会演变出哪些社交模式，这也是新闻工作者每天观察和报道的内容。同样，新闻工作者需要的不只是看到连接，还涉及采访和了解连接的强度及其实际的影响。

但在你的社区应用这些技术后，你可以更紧密地了解谁认识谁，谁与有权势的人和无权势的人无关，以及谁与谁有关。对人际关系有了更好的了解后，你就可以提出更多的探索性问题，甚至可以为例行面试做更好的准备。

212

213

精选书目

Berret, Charles, and Cheryl Phillips, *Teaching Data and Computational Journalism*. New York, NY: Columbia University, 2016.

Cairo, Albert. *The Functional Art: An Introduction to Information Graphics and Visualization*. Berkeley, CA: New Riders, 2013.

Cohen, Sarah. *Numbers in the Newsroom: Using Math and Statistics in News*. Columbia, MO: Investigative Reporters and Editors, 2014.

Cuillier, David, and Charles N. Davis. *The Art of Access: Strategies for Acquiring Public Records*. Washington, DC: CQ, 2011.

Egawhary, Elena, and Cynthia O'Murchu. *Data Journalism* (handbook). The Centre for Investigative Journalism. http://tcij.org/resources/handbooks/data-journalism.

Gray, Jonathan, Liliana Bounegru, and Lucy Chamber, eds. *The Data Journalism Handbook: How Journalists Can Use Data to Improve the News*.

Sebastopol, CA: O'Reilly Media, 2012. http://datajournalismhandbook.org/1.0/en/.

Houston, Brant, and Investigative Reporters and Editors, eds. *The Investigative Reporter's Handbook: A Guide to Documents, Databases, and Techniques*. 5th ed. Boston, MA: Bedford/St. Martin's, 2009.

Huff, Darrell. *How to Lie with Statistics*. New York, NY: W.W. Norton,1993.

Ingram, Matthew. "The Golden Age of Computer-Assisted Reporting Is At Hand," *Nieman Journalism Lab*, May 20, 2009. www.niemanlab.org/2009/05/the-golden-age-of-computer-assisted-reporting-is-at-hand/.

Jones, Gerald Everett. *How to Lie with Charts*. 2nd ed. Santa Monica, CA:LaPuerta, 2007.

Method, Jason. "The Benefits of Computer-Assisted Reporting," *Nieman Reports*, Fall 2008. http://nieman.harvard.edu/reports/article/100454/The-Benefits-of-Computer-Assisted-Reporting.aspx.

215

Meyer, Philip. *Precision Journalism: A Reporter's Introduction to Social Science Methods*. 4th ed. Lanham, MD: Rowman & Littlefield, 2002.

Monmonier, Mark. *How to Lie with Maps*. 2nd ed. Chicago, IL: University of Chicago Press, 1996.

Paulos, John Allen. *Beyond Numeracy: Ruminations of a Numbers Man.* New York, NY: Vintage, 1992.

Tufte, Edward R. *Envisioning Information*. Cheshire, CT: Graphics, 1990.

Vallance-Jones, Fred, and David McKie; with Aron Pilhofer and Jaimi Dowdell. *Computer-Assisted Reporting: A Comprehensive Primer.* Don Mills, ON; New York, NY: Oxford University Press, 2009.

Winkleman, Simon, ed. *Data Journalism in Asia: A Collection of Articles from Members of the Society of Asian Journalists (AJ)*. Singapore: Konrad-Adenauer-Stiftung, 2013. www.kas.de/wf/doc/kas_35547‑1522‑2‑30.pdf?130930105417.

216

网　站

African News Innovation Challenge. http://africannewschallenge.org Association of Public Data Users. http://apdu.org

Center for Investigative Reporting. www.revealnews.org/

Center for Responsive Politics. www.opensecrets.org

Centre for Investigative Journalism. http://tcij.org

Columbia Journalism Review, Data Points, Exploring Data Journalism. www.cjr.org/data_points/

Data Driven Journalism, Where Journalism Meets Data. http://datadrivenjournalism.net

Data Journalism Blog. www.datajournalismblog.com

Data Journalism Blog, Paul Bradshaw's blog. www.datajournalismblog.com/tag/paul-bradshaw/

Data.gov. www.data.gov

Global Investigative Journalism Network, Data Journalism. http://gijn.org/resources/data-journalism/

The Google News Initiative. https://newsinitiative.withgoogle.com/

The Guardian, Data Journalism. www.theguardian.com/media/data-journalism

Guidestar. www.guidestar.org

International Consortium of Investigative Journalists, Computer-Assisted Reporting. www.icij.org/tags/computer-assisted-reporting

Investigative Reporters and Editors, Resource Center. www.ire.org/resource-center/

LexisNexis. www.lexisnexis.com

National Institute for Computer-Assisted Reporting. www.ire.org/nicar/

National Institute on Money in State Politics. www.followthemoney.org

NewsBank. www.newsbank.com

ProPublica, Journalism in the Public Interest. www.ProPublica.org   217

Pulitzer Prizes. www.pulitzer.org

R, The R Project for Statistical Computing. www.r-project.org

Reporters Committee for Freedom of the Press. www.rcfp.org

Research Clinic, Investigative Research Links and Articles by Paul Myers. http://researchclinic.net

SearchSystems.net, Free Public Records. www.searchsystems.net

UNdata. http://data.un.org

United Network for Organ Sharing. www.unos.org

U.S. Bureau of Alcohol, Tobacco, Firearms and Explosives. www.atf.gov

U.S. Census Bureau. www.census.gov

U.S. Government Accountability Office. www.gao.gov

The World Health Organization. http://www.who.int/gho/database/en/   218

关键案例来源

本章开头和"计算机辅助报道的应用"部分的案例均选自"Uplink"（www.ire.org/blog/uplink/）——这是由美国调查记者编辑协会与美国国家计算机辅助新闻报道协会创建和维护的关于计算机辅助报道的时事通讯和博客——以及会议上的演讲。

术语表

地址（Address）: 在电子表格中，由字母和数字标识的工作表上的位置（单元格）。

算法（Algorithm）: 一种计算机代码，它是一个过程或一组规则，用来解决一个问题或执行一项任务，如社交媒体网站算法是将用户对各种帖子的兴趣进行排序。

升序（Ascending）: 从低到高排序。

美国信息交换标准代码（American Standard Code for Information Interchange，ASCII）: 发音为 ASK-KEY，一种看起来像文本文件且几乎可以被任何软件程序读取的文件。

平均值（Average）: 通常指总量除以组成该量的项目数，但在数学领域可以指平均数（mean）、中位数和众数。

布尔逻辑（Boolean Logic）: 一种在线和数据库管理器中使用"与"（and）、"或"（or）、"非"（not）筛选信息的搜索方法。

机器人（Bot）: 一种在互联网上运行自动任务的软件应用程序，例如模仿人类对话的应用程序。

浏览器（Browser）: 允许你查看和阅读网页的软件。

字节（Byte）: 测量存储空间大小的单位，由 8 位组成。

单元格（Cell）: 在电子表格中，单元格是一个包含信息的框。

编码本（Codebook）: 翻译数据库中编码的文件。

列（Column）: 工作表中的类别信息。

221

逗号分隔值（Comma-Separated Value）: 通过逗号或其他标点符号分隔列的数据格式称为"CSV"。这种常用格式会压缩数据集，但电子表格和其他软件很容易打开。

计算新闻学（Computational Journalism）：致力于在报道中使用算法的数据新闻。

计算机辅助报道（Computer-Assisted Reporting）：将查找和分析数据库作为报道过程的一部分。

数据新闻（Data Journalism）：数据分析和可视化展示的常用短语。

数据库（Database）：文件或相关文件的集合，有时也称为"表"。

数据库管理器（Database Manager）：一种在数据库中组织信息的软件程序。

降序（Descending）：从高到低排序。

脏数据（Dirty Data）：因拼写错误或编码错误而被错误地输入数据集的数据。

下载（Downloading）：将文件从你在线连接的计算机传输到你自己的计算机。

创新匹配（Enterprise Matchmaking）：连接尚未设置连接的数据库。

字段（Field）：类别信息，例如电子表格中的列。

筛选器（Filter）：从一个较大的集合中选择一个子集。

From 语句（From Statement）：选择要查看的数据库或表的 SQL 语句。

谷歌论坛（Google Group）：一组对同一主题感兴趣的人，小组中的人相互发送电子邮件和接收电子邮件。

Group by 语句（Group by Statement）：基于相同字段将记录分组的 SQL 语句。

分组（Grouping）：将相似的数据分组。

Having 语句（Having Statement）：按条件选择分组后的记录的语句，类似于 SQL 中对单个记录执行的"where"操作。

LexisNexis：一个大型的剪报和法院案件商业数据库。

Listserv：互联网上有关特定主题的讨论组。所有发送到电子邮件列表服务器的消息都会发送给所有已加入的用户。

地图软件（Mapping Software）：一种称为"地理信息系统"的软件，它通过匹配模板来生成地图，如将街道地址导入软件的数据字段。

匹配 / 命中（Matche/Hit）：在关系数据库中的两个或多个文件或表的关键字段中查找相同的信息。

平均数（Mean）：和平均值一样。

中位数（Median）：一系列数字的中间值。一半数字高于中间值，一半数字低于中间值。

众数（Mode）：在一系列数字中最常出现的数字。例如，在一个群体的薪水中出现频率最高（不是大多数）的数字就是众数。

观测值（Observation）：统计软件中的记录。

Order by 语句（Order by Statement）：根据一个或多个字段对记录进行排序的 SQL 语句。

异常值（Outlier）：一系列数字中的极端数字。

解析（Parsing）：将一列分成一个或多个列，或者拆分列中的信息。

百分比（Percentage）：一个数与另一个数的比例。

百分比差异（Percentage Difference）：两列数字之间的变化比例。

数据透视表（Pivot Table）：一张信息表，可以将不同组中的数字相加，并计算其占总数的百分比，类似于数据库管理器中的"group by"语句。

便携式文档格式（Portable Document Format）：称为"PDF"，以严格的方式格式化文件和数据，必须将其转换为电子表格或其他格式才可以分析其中的数据。

查询（Query）：数据库管理器中对数据库中的信息进行选择、筛选、分组和排序的方法。

比率（Rate）：发生事件次数除以事件发生地区的人口数，例如每 10

223

万人中发生 12 起谋杀案。

比例（Ratio）：一个数除以另一个数来表示比重，如 3∶1。

记录（Record）：数据库管理器中的一行信息。

记录布局（Record Layout）：数据库中有关字段名称和字段大小的信息。

关系数据库（Relational Database）：由"关键字段"相连接的表组成的数据库。

行（Row）：工作表中的单个记录。

抓取（Scraping）：使用软件下载数据和信息并导入数据库。

搜索工具（Search Tool）：可以在互联网上搜索信息的程序。

搜索者（Searcher）：了解如何在互联网上查找信息的专家。

Select 语句（Select Statement）：选择要查看的字段（或列）的 SQL 语句。

排序（Sort）：根据列中的信息从高到低组织数据。

电子表格（Spreadsheet）：一个软件程序，通常用于计算、预算以及其他与数字有关的任务，或用于筛选、组织数据集。

SQL（Structured Query Language）：结构化查询语言，一种用于在数据库中查询数据、重新组织和重新编码数据的语言。

汇总数据（Summary Data）：数据分组后汇总。

表（Table）：数据库管理器使用的文件。

表格（Tabular）：包含行和列的信息表。

URL（Uniform Resource Locator）：统一资源定位符，网站的地址。

变量（Variable）：统计软件中的类别信息。

Where 语句（Where Statement）：一条 SQL 语句，根据条件选择要在数据库中查看的记录。

224 **压缩**（Zip）：为更有效地存储和传输信息而压缩文件。

索 引

译后记

我从事数据方面的工作已有 25 年，专注于数据新闻研究近 10 年，担任中国科技新闻学会数据新闻专委会常务理事。我为本科生和研究生开设了"数据新闻""大数据与可视化新闻传播""数据新闻与数据可视化研究"等课程，并出版了《数字媒体传播实务》《数据可视化》《数据新闻实战》等与数据新闻相关的图书。2019 年，"数据新闻"课程被评为北京市高校"优质本科课程"。2020 年，《数据新闻实战》被评为北京高校"优质本科教材"。

随着新闻学和计算机科学的深入融合，新闻从业者也急需全面提高与数据相关的技能，如数据抓取和数据分析。但国内市场难以寻觅适合新闻工作者的基础图书，直到我发现了这本《新闻里的数据：计算机辅助报道实用指南》（第五版）。新闻专业的学生也可以从这本书中学习到数据方面的基础知识和技能。作为本书的译者，我在翻译过程中也受益匪浅。

感谢出版社和中国社会科学院大学给我翻译这本书的机会。感谢各位编辑的支持和帮助。感谢伦敦国王学院文学和人类学院的岳恒博博士、伦敦大学学院教育学院的张子涅博士协助完成部分粗译工作；北京师范大学外国语言文学学院陈俊彤完成了部分校对工作，在此一并感谢。

在翻译本书的过程中，我尽可能使用严谨、简洁且易懂的语言，并尽力保留专著的原汁原味，希望读者能在阅读的过程中体会到乐趣。也请各位读者不吝赐教，您有任何想法和意见都可以发送邮件（liuyinghua@ucass.edu.cn）与我联系。

刘英华

2022 年 8 月

图书在版编目（CIP）数据

新闻里的数据：计算机辅助报道实用指南：第五版 /
（美）布兰特·休斯敦（Brant Houston）著；刘英华译
. -- 北京：社会科学文献出版社，2022.10
（中国社会科学院大学文库．数字媒体前沿译丛）
书名原文：Data for Journalists : A Practical
Guide for Computer-Assisted Reporting(5th edition)
ISBN 978-7-5228-0651-8

Ⅰ.①新… Ⅱ.①布… ②刘… Ⅲ.①计算机应用 -
新闻报道 Ⅳ.① G210.7

中国版本图书馆 CIP 数据核字（2022）第 182230 号

中国社会科学院大学文库·数字媒体前沿译丛
新闻里的数据：计算机辅助报道实用指南（第五版）

著　　者 /〔美〕布兰特·休斯敦（Brant Houston）
译　　者 / 刘英华

出 版 人 / 王利民
组稿编辑 / 王晓卿
责任编辑 / 郭红婷
责任印制 / 王京美

出　　版 / 社会科学文献出版社·当代世界出版分社（010）59367004
　　　　　　地址：北京市北三环中路甲 29 号院华龙大厦　邮编：100029
　　　　　　网址：www.ssap.com.cn
发　　行 / 社会科学文献出版社（010）59367028
印　　装 / 三河市东方印刷有限公司

规　　格 / 开 本：787mm × 1092mm　1/16
　　　　　　印 张：16　字 数：216 千字
版　　次 / 2022 年 10 月第 1 版　2022 年 10 月第 1 次印刷
书　　号 / ISBN 978-7-5228-0651-8
著作权合同
登 记 号 / 图字 01-2022-1419 号
定　　价 / 80.00 元

读者服务电话：4008918866